FamRZ BUCH 7

GIESEKING

Die

FamRZ-Bücher

werden herausgegeben von

Prof. Dr. Peter Gottwald
Dr. Ingrid Groß
Dr. Meo-Micaela Hahne
Prof. Dr. Dr.h.c. Dieter Henrich
Prof. Dr. Dieter Schwab
Dr. Thomas Wagenitz

VERLAG ERNST UND WERNER GIESEKING, BIELEFELD

Kindesunterhaltsgesetz

- Eine einführende Darstellung für die Praxis -

von

Dr. Wolfgang *Rühl*

und

Dr. Michael *Greßmann*

Regierungsdirektoren
im Bundesministerium der Justiz

1998

VERLAG ERNST UND WERNER GIESEKING, BIELEFELD

> Die Deutsche Bibliothek – CIP-Einheitsaufnahme
> **Rühl, Wolfgang:**
> Kindesunterhaltsgesetz : eine einführende Darstellung für
> die Praxis / von Wolfgang Rühl und Michael Greßmann. –
> Bielefeld : Gieseking, 1998
>   (FamRZ-Buch ; 7)
>   ISBN 3-7694-0550-1

1998

© Verlag Ernst und Werner Gieseking GmbH, Bielefeld

Dieses Werk ist urheberrechtlich geschützt. Jede Verwertung, insbesondere die auch nur auszugsweise Vervielfältigung auf photomechanischem oder elektronischem Wege sowie die Einstellung in Datenbanken, ist nur insoweit zulässig als sie das Urheberrechtsgesetz ausdrücklich gestattet, ansonsten nur und ausschließlich mit vorheriger Zustimmung des Verlages.
Alle Rechte bleiben vorbehalten.

Druck: Decker Druck GmbH & Co. KG, Neuss

Vorwort

Das Kindesunterhaltsgesetz, das am 1. Juli 1998 in Kraft tritt, stellt - nach dem Kindschaftsrechtsreformgesetz, dem Beistandschaftsgesetz und dem Erbrechtsgleichstellungsgesetz - den vierten Pfeiler der umfassenden Reform des Kindschaftsrechts dar, die in der 13. Legislaturperiode des Deutschen Bundestages verabschiedet wurde.

Die vorliegende Darstellung, deren Erläuterungen auch und gerade für die Praxis gedacht sind, führt in das neue Recht ein und soll die Handhabbarkeit des neuen Kindesunterhaltsrechts erleichtern. Das neue Recht wird, angereichert durch vielfältige Bezugnahme auf Entstehungsgeschichte und Materialien, systematisiert, durch Beispiele veranschaulicht und kommentiert.

In der Darstellung wird das ab 1. Juli 1998 geltende Recht als geltendes Recht behandelt. Das bis zu diesem Zeitpunkt geltende Recht wird mit a.F. bezeichnet.

Bonn, im März 1998　　　　　　　　　　　　　　　　　Die Verfasser

Inhaltsverzeichnis

Literaturverzeichnis XI

Abkürzungsverzeichnis XIII

A. Einführung 1
    I. Ausgangspunkt 1
    II. Rechtsvergleichung 1
    III. Gang des Gesetzgebungsvorhabens 3

B. Materielles Unterhaltsrecht 7
    I. Der allgemeine Unterhaltsanspruch insbesondere minderjähriger Kinder 8
       1. Unterhaltsleistung durch Pflege und Erziehung minderjähriger Kinder, § 1606 Abs. 3 Satz 2 BGB 8
       2. Gleichstellung bis 21jähriger Schüler, §§ 1603, 1609 BGB 9
       3. Der Übergang des Unterhaltsanspruchs, § 1607 BGB .. 11
       4. Das Bestimmungsrecht der Eltern über die Unterhaltsgewährung, 1612 Abs. 2 BGB 13
       5. Unterhalt für die Vergangenheit, § 1613 BGB 13
          a) Grundsatz, § 1613 Abs. 1 BGB 14
          b) Ausnahmen von dem Grundsatz, § 1613 Abs. 2 BGB 16
              aa) Sonderbedarf 16
              bb) Hinderung aus rechtlichen oder tatsächlichen Gründen 16
          c) Erlaß, Teilzahlung, Stundung, § 1613 Abs. 3 BGB . 18
    II. Der Unterhaltsanspruch minderjähriger Kinder bei Getrenntleben der Eltern 20
       1. Vorbemerkung 20
       2. Zum Bedarf 23
       3. Die Dynamisierung des Unterhaltsanspruchs 27
          a) Das Grundprinzip der Dynamisierung 27

		b)	Die Regelbeträge...29
			aa) Die Höhe der Regelbeträge...........................29
			bb) Die Dynamisierung der Regelbeträge............32
		c)	Dynamisierung des Unterhalts................................34
			aa) Die Berechnung des Vomhundertsatzes........35
			bb) Die Alternativen der Dynamisierung.............36
			cc) Dynamisierung des Unterhaltsbetrags............41
		d)	Dynamisierter Unterhalt und Tabellenunterhalt....43
	4.	Anrechnung kindbezogener Leistungen 45
		a)	Anrechnung von Kindergeld, § 1612 b BGB..........46
			aa) Einkommensteuerrechtliche Ausgangslage...47
			bb) Halbteilungsgrundsatz, § 1612 b Abs. 1 BGB..49
			cc) Barunterhaltspflicht beider Elternteile, § 1612 b Abs. 2 BGB..54
			dd) Kindergeldberechtigung nur eines Elternteils, § 1612 b Abs. 3 BGB 56
			ee) Zählkindvorteil, § 1612 b Abs. 4 BGB 58
			ff) Verfahren in Mangelfällen, § 1612 b Abs. 5 BGB..59
			gg) Mangelfall gem. § 1612 b Abs. 5 BGB und dynamisierter Unterhaltsanspruch 63
		b)	Anrechnung sonstiger kindbezogener Leistungen, § 1612 c BGB 66
	III.	Der Unterhaltsanspruch der mit dem Kindesvater nicht verheirateten Mutter 67
		1.	Betreuungsunterhalt, § 1615 l BGB 67
		2.	Einstweilige Verfügung, § 1615 o BGB 69

C. Verfahrensrechtliche Ausgestaltung...................................71
   I. Ausgangslage...71
   II. Allgemeine Vorschriften...72
     1. Gerichtliche Zuständigkeit 73
     2. Prozessuale Auskunftspflicht..77
        a) Betroffene Verfahren..77
        b) Befugnis des Gerichts..78
        c) Zur Auskunft verpflichtete Stellen 79
        d) Folgen mangelnder Auskunftsbereitschaft der Partei...83
        e) Vorbereitung der Verhandlung...............................84

Inhaltsverzeichnis

III. Das vereinfachte Verfahren 84
  1. Zulässigkeit 84
  2. Anforderungen an den Antrag 87
  3. Beteiligung des Antraggegners 90
  4. Einwendungen gegen den Antrag 92
    a) Einwendungen gegen die Zulässigkeit 93
    b) Einwendungen gegen die Begründetheit 95
    c) Maßgeblicher Zeitpunkt 97
    d) Aufnahme der Einwendungen 98
  5. Unterhaltsfestsetzung 98
  6. Streitiges Verfahren 101
  7. Sofortige Beschwerde 102
  8. Vaterschaftsfeststellung und vereinfachtes Verfahren . 103
  9. Abänderung 104
    a) Abänderung nach § 323 ZPO 104
    b) Abänderung nach § 654 ZPO 105
    c) Abänderung nach § 655 ZPO 106
  10. Einstweiliger Rechtsschutz 107
    a) Einstweilige Anordnung 107
    b) Einstweilige Verfügung 108
  11. Vollstreckung über das achtzehnte Lebensjahr
      hinaus 109
  12. Kosten 110
    a) Gerichtskostengesetz 110
    b) Kostenordnung 112
    c) Bundesgebührenordnung für Rechtsanwälte 113
  13. Vordrucke 114
  14. Konzentrationsermächtigung 115

D. **Unterhaltsvorschußgesetz** 117
  I. Anspruchsberechtigung von Ausländern 117
  II. Dynamisierung der Leistungen 118
  III. Verbesserung des Rückgriffs 119
    1. Verbesserte Auskunftsmöglichkeiten 119
    2. Zivilrechtliche Durchsetzung des übergegangenen
       Unterhaltsanspruchs 120
    3. Rückübertragung des übergegangenen Unterhalts-
       anspruchs 121

E. **Übergangsvorschriften** 123
  I. Dynamisierung der Regelbeträge im Beitrittsgebiet ... 123

II.	Anhängige Verfahren 124
III.	Abänderung bestehender Schuldtitel 126
IV.	Kosten 127

Anhang:
Gesetzestexte in der Fassung des Kindesunterhaltsgesetzes 129
- A. Bürgerliches Gesetzbuch (Auszug) 129
- B. Regelbetrag-Verordnung 137
- C. Zivilprozeßordnung (Auszug) 138
- D. Unterhaltsvorschußgesetz 146
- E. Übergangsvorschriften, Artikel 5 KindUG 151

Stichwortverzeichnis 153

Literaturverzeichnis

Deutscher Juristentag/Ständige Deputation (Hrsg.), Verhandlungen des 61. Deutschen Juristentages, 1996

Ebling/Heuermann, Die Kindergeldauszahlung duch den Arbeitgeber, 1996

Göppinger/Wax, Unterhaltsrecht, 6. Auflage 1994

Greßmann, Neues Kindschaftsrecht, 1998

Kalthoener/Büttner, Die Rechtsprechung zu Höhe des Unterhalts, 6. Auflage 1997

Max-Planck-Institut für ausländisches und internationales Privatrecht/Dopffel (Hrsg.), Kindschaftsrecht im Wandel, 1994

Münchener Kommentar zum Bürgerlichen Gesetzbuch, 3. Auflage 1992 ff.

Münchener Kommentar zur Zivilprozeßordnung, 1992

Palandt, Kommentar zum Bürgerlichen Gesetzbuch, 57. Auflage, 1998

RGRK, Das Bürgerliche Gesetzbuch, 12. Auflage 1989 ff.

Scholz, Unterhaltsvorschußgesetz, 3. Auflage 1997

Schwab (Hrsg.), Handbuch des Scheidungsrechts, 3. Auflage 1995

Soergel, Bürgerliches Gesetzbuch, Band 8 Familienrecht II, 12. Auflage 1987

Staudinger, Kommentar zum Bürgerlichen Gesetzbuch, 12. Auflage 1993 ff.

Stein-Jonas, Kommentar zur Zivilprozeßordnung, 21. Auflage 1993 ff.

Zöller, Zivilprozeßordnung, 20. Auflage, 1997

Abkürzungsverzeichnis

Abs.	Absatz
a.F.	alte(r) Fassung
AG	Amtsgericht
BeistandschaftsG	Beistandschaftsgesetz
BeurkG	Beurkundungsgesetz
BGB	Bürgerliches Gesetzbuch
BGBl.	Bundesgesetzblatt
BGH	Bundesgerichtshof
BGHZ	Entscheidungen des Bundesgerichtshofs in Zivilsachen
BKGG	Bundeskindergeldgesetz
BMJ	Bundesministerium der Justiz
BNotO	Bundesnotarordnung
BRAGO	Bundesgebührenordnung für Rechtsanwälte
BSHG	Bundessozialhilfegesetz
BVerfG	Bundesverfassungsgericht
BVerfGE	Entscheidung des Bundesverfassungsgerichts
DAVorm	Der Amtsvormund
ders.	derselbe
EGBGB	Einführungsgesetz zum Bürgerlichen Gesetzbuche
EheschlRG	Eheschließungsrechtsgesetz
ErbGleichG	Erbrechtsgleichstellungsgesetz
EStG	Einkommensteuergesetz
FamRZ	Zeitschrift für das gesamte Familienrecht
ff.	fortfolgend
FGG	Gesetz über die Angelegenheiten der freiwilligen Gerichtsbarkeit
Fn.	Fußnote

FPR	Familie Partnerschaft Recht
FuR	Familie und Recht
GG	Grundgesetz
GKG	Gerichtskostengesetz
GVG	Gerichtsverfassungsgesetz
Hrsg.	Herausgeber
i.V.m.	in Verbindung mit
KindRG	Kindschaftsrechtsreformgesetz
KindUG	Kindesunterhaltsgesetz
KostO	Kostenordnung
KSVG	Künstlersozialversicherungsgesetz
KV	Kostenverzeichnis
LEB	durchschnittliche Lebenserwartung der 65jährigen
MHbeG	Minderjährigenhaftungsbeschränkungsgesetz
m.w.N.	mit weiteren Nachweisen
NDV	Nachrichtendienst des Deutschen Vereins für öffentliche und private Fürsorge
NEhelG	Nichtehelichengesetz
NJW	Neue Juristische Wochenschrift
Nr.	Nummer
OLG	Oberlandesgericht
RdJB	Recht der Jugend und des Bildungswesens
Rdnr.	Randnummer
Rpfleger	Der Deutsche Rechtspfleger
RPflG	Rechtspflegergesetz
RQ	Rentennettoquote
Rz.	Randzeichen
S.	Seite
SGB I	Erstes Buch Sozialgesetzbuch

SGB VI	Sechstes Buch Sozialgesetzbuch
SGB VIII	Achtes Buch Sozialgesetzbuch
SGB X	Zehntes Buch Sozialgesetzbuch
SGG	Sozialgerichtsgesetz
UVG	Unterhaltsvorschußgesetz
vgl.	vergleiche
ZBR	Zeitschrift für Beamtenrecht
ZfJ	Zentralblatt für Jugendrecht
ZPO	Zivilprozeßordnung
ZZP	Zeitschrift für Zivilprozeßrecht

A. Einführung

I. Ausgangspunkt

In der Koalitionsvereinbarung für die 13. Legislaturperiode wurde festgelegt: „Das Wohl der Kinder, die einen Anspruch auf eine gute rechtliche Absicherung haben, steht im Mittelpunkt der Reform des Kindschaftsrechts. Gemeinsame Sorge, einheitliches Umgangsrecht, ein verbessertes Unterhaltsrecht sowie die Aufhebung der gesetzlichen Amtspflegschaft sind dabei wichtige Bereiche." Das Gesetz zur Vereinheitlichung des Unterhaltsrechts minderjähriger Kinder (Kindesunterhaltsgesetz - KindUG) vom 6. April 1998[1]) ist neben dem Beistandschaftsgesetz[2]), dem Kindschaftsrechtsreformgesetz[3]) und dem Erbrechtsgleichstellungsgesetz[4]) der vierte Pfeiler der umfassenden Reform des Kindschaftsrechts[5]).

1

II. Rechtsvergleichung

Das Max-Planck-Institut für Ausländisches und Internationales Privatrecht, Hamburg, hat im Auftrag des Bundesministeriums der Justiz ein Rechtsgutachten zur Reform des Kindschaftsrechts erstellt. Das Gutachten, das 1994 vom Institut in dessen Schriftenreihe unter dem Titel „Kindschaftsrecht im Wandel" veröffentlicht wurde, enthält ausführliche Länderberichte aus dem deutschen, nordischen, romani-

2

---

[1]) BGBl. I S. 666
[2]) Vom 4. Dezember 1997, BGBl. I S. 2846.
[3]) Vom 16. Dezember 1997, BGBl. I S. 2942.
[4]) Vom 16. Dezember 1997, BGBl. I S. 2968.
[5]) Die anderen in diesem Zusammenhang genannten Vorhaben (Eheschließungsrechtsgesetz, Betreuungsrechtsänderungsgesetz, Minderjährigenhaftungsbeschränkungsgesetz) gehören nicht unmittelbar zur Reform des Kindschaftsrechts.

schen, angloamerikanischen und osteuropäischen Rechtskreis sowie einen umfangreichen rechtsvergleichenden Teil. Auf dem Gebiet des Unterhaltsrechts befaßte sich die Untersuchung insbesondere mit dem Unterhalt des nichtehelich geborenen Kindes sowie dem Betreuungsunterhalt der Mutter eines nichtehelichen Kindes. Das Gutachten hat im wesentlichen zu folgenden Erkenntnissen geführt[6]):

3 Eine Unterscheidung zwischen ehelichen und nichtehelichen Kindern trifft das Unterhaltsrecht der untersuchten ausländischen Rechtsordnungen ganz überwiegend nicht mehr (Österreich, Schweiz, Dänemark, Norwegen, Schweden, Spanien, England, Polen und Ungarn). Vielmehr entspricht die Rechtsstellung des nichtehelichen Kindes weitgehend derjenigen der Kinder aus geschiedenen Ehen.

4 Ein fester Unterhaltssatz ist den meisten Rechtsordnungen unbekannt. Das System des deutschen Regelunterhalts ist dem norwegischen und dem dänischen Recht entnommen worden. Norwegen hat das System des in unregelmäßigen Abständen durch Ministerialerlaß angepaßten Mindestunterhalts jedoch zwischenzeitlich zugunsten einer jährlichen Anpassung an den Verbraucherpreisindex aufgegeben. Während dabei für eine Anpassung des Unterhalts zunächst noch eine mindestens 5%ige Steigerung des Indexes verlangt worden war, ist dieses Erfordernis kürzlich entfallen. Eine Entwicklung zu einem Mindestunterhalt zeigt sich in England und den Vereinigten Staaten von Amerika. In England ist mit dem Child Support Act 1991 eine Regelung eingeführt worden, die eine Unterhaltsberechnung nach dem Muster des Sozialrechts vornimmt, um den nicht betreuenden Elternteil wenigstens in einer Höhe, die der Sozialhilfe entspricht, zum Kindesunterhalt heranzuziehen. In den Vereinigten Staaten von Amerika hat eine Reihe von Einzelstaaten einen gesetzlichen Mindestunterhalt eingeführt.

5 Eine Anpassung der Unterhaltstitel an geänderte wirtschaftliche Verhältnisse ohne erneute gerichtliche Entscheidung ist den meisten der untersuchten Rechtsordnungen bekannt. Die Anpassung erfolgt entweder generell auf Grund gesetzlicher Vorschrift (in Dänemark, Norwegen, Schweden, den Niederlanden und - bei behördlich festgesetzten Unterhaltszahlungen - England), durch Indexierung im Unterhaltstitel selbst (in der Schweiz, in Frankreich und teilweise in Spa-

---

[6]) Vgl. die Zusammenfassung, Bundestags-Drucksache 13/7338 S. 18.

nien und Italien) oder durch Festsetzung des Unterhalts nach einem bestimmten Prozentsatz vom Einkommen (in Ungarn und Polen). Insgesamt gesehen hat sich der Trend zu einer Indexierung der Unterhaltstitel verstärkt.

III. Gang des Gesetzgebungsvorhabens

Im Frühjahr 1996 wurde der **Referentenentwurf**[7]) eines Kindesunterhaltsgesetzes Landesjustizverwaltungen und Verbänden[8]) zur Stellungnahme zugeschickt. Am 11. Dezember 1996 hat das Bundeskabinett den **Regierungsentwurf** eines Kindesunterhaltsgesetzes beschlossen[9]). Der **Bundesrat** hat im ersten Beratungsdurchgang Anfang 1997 eine Vielzahl technischer Änderungen vorgeschlagen, denen die Bundesregierung zu einem erheblichen Teil zugestimmt hat[10]).

Rechtspolitisch bedeutsam war die auch in einer Vielzahl der Verbandsstellungnahmen erhobene Forderung, den vom Regierungsentwurf beibehaltenen und auch für eheliche Kinder vorgesehenen „Regelunterhalt" als „Mindestunterhalt" zu bezeichnen und diesen Mindestunterhalt am Existenzminimum der Kinder[11]) zu orientieren[12]). Hiergegen hat die Bundesregierung eingewandt, eine Erhöhung der Regelbeträge auf das Existenzminimum würde dazu führen, daß sich die Mehrzahl der Verpflichteten gegenüber einem solchen weitge-

---

[7]) Vgl. zum Referentenentwurf *Claessen*, Rpfleger 1996, 381 ff.; *Grandke*, FPR 1996, 245 ff.; *Kleinle*, DAVorm 1996, 813 ff. = ZfJ 1996, 399 ff.; *Wagner*, FamRZ 1996, 705 ff.

[8]) Von den Verbandsstellungnahmen vgl. Deutscher Verein für öffentliche und private Fürsorge, NDV 1996, 245 ff.; Familienrechtsausschuß des Deutschen Anwaltvereins, FamRZ 1997, 276 ff.; Verband alleinerziehender Mütter und Väter, DAVorm 1997, 352 ff.

[9]) Bundestags-Drucksache 13/7338; zum Regierungsentwurf siehe *Greßmann/Rühl*, DAVorm 1997, 161 ff.; *Schwolow*, FuR 1997, 4 ff.; *Wagner*, FamRZ 1997, 1513 ff.; *Wohlgemuth*, FamRZ 1997, 471 ff.

[10]) Vgl. Stellungnahme des Bundesrates, Bundestags-Drucksache 13/7338 S. 52 ff., und Gegenäußerung der Bundesregierung, Bundestags-Drucksache 13/7338 S. 57 ff.

[11]) Vgl. Rz. 58 ff.

[12]) Nummer 11 der Stellungnahme, Bundestags-Drucksache 13/7338 S. 56; vgl. auch Stellungnahme des Verbandes alleinerziehender Mütter und Väter, DAVorm 1997, 352.

henden Anspruch auf Regelunterhalt auf ihre eingeschränkte Leistungsfähigkeit berufen und deshalb im vereinfachten Verfahren keine abschließende Entscheidung erfolgen könne. Dies hätte einen erheblichen Verfahrensmehraufwand zur Folge, obwohl die letztendlich von den Barunterhaltspflichtigen zu zahlenden Beträge sich kaum erhöhen würden. Im übrigen würde eine Erhöhung der Regelbeträge auf das Maß des steuerrechtlich anerkannten Existenzminimums zu jährlichen finanziellen Mehrbelastungen von Bund und Ländern in Höhe von jeweils 380 Mio. DM führen[13]).

8 Der **Bundestag** hat den Regierungsentwurf in erster Lesung am 9. Oktober 1997 an die Ausschüsse verwiesen. Die Beratungen im **Rechtsausschuß** führten neben technischen Detailänderungen im wesentlichen zu einem Verzicht auf den Begriff des Regelunterhalts und zu einer Ausweitung des Anwendungsbereichs des vereinfachten Verfahrens. Der Verzicht auf einen materiell-rechtlichen Anspruch auf Regelunterhalt und die Ausweitung des vereinfachten Verfahrens auf Unterhaltsansprüche bis zum Eineinhalbfachen der Regelbeträge beruht auf der bereits angesprochenen Forderung nach einer Erhöhung der Regelbeträge auf das Maß des Existenzminimums[14]). Der Rechtsausschuß hat zwar einerseits die von der Bundesregierung gegen eine entsprechende Erhöhung der Regelbeträge ins Feld geführten Gründe als zutreffend anerkannt, ist jedoch andererseits zu der Überzeugung gelangt, daß das Konzept des Regierungsentwurfs trotz des Verzichts auf eine Definition nach Art des § 1615 f Abs. 1 BGB den unzutreffenden Eindruck erwecken könnte, die bislang geltenden Regelbeträge seien bedarfsdeckend. Er war der Auffassung, daß dieser Eindruck insbesondere dadurch entstehen könnte, daß das vereinfachte Verfahren nur bis zu Beträgen in Höhe des Regelunterhalts ermöglicht werden sollte. In der Vergangenheit habe sich nämlich gezeigt, daß viele Unterhaltsverpflichtete der Ansicht seien, mit dem Regelunterhalt ihrer Verpflichtung zur Leistung eines bedarfdeckenden Unterhalts nachzukommen. Die Tatsache, daß der Regelunterhalt nicht ausreicht, das Existenzminimum des Kindes abzudecken, sei vielfach unbekannt und werde durch die bisherige Definition in § 1615 f Abs. 1 BGB verschleiert[15]).

---

[13]) Bundestags-Drucksache 13/7338 S.59 f.
[14]) Vgl. Rz. 7.
[15]) Beschlußempfehlung und Bericht des Rechtsausschusses, Bundestags-Drucksache 13/9596 S. 31.

Aus diesen Gründen hat der Rechtsausschuß vorgeschlagen, auf den häufig fehlinterpretierten Anspruch auf Regelunterhalt ganz zu verzichten. Ein materiellrechtlicher Anspruch auf einen das Existenzminimum nicht abdeckenden und nur unter Gesichtspunkten der Leistungsfähigkeit zu rechtfertigenden Regelunterhalt erscheine zur Verwirklichung der Reformziele nicht erforderlich. Vielmehr könne der Tatsache, daß die Mehrzahl der Unterhaltsverpflichteten zur Leistung eines über den Regelbedarf hinausgehenden Unterhalts nicht in der Lage sei, durch eine verfahrensrechtliche Lösung Rechnung getragen werden.

Der Rechtsausschuß hat deshalb eine verfahrensrechtliche Lösung vorgeschlagen, nach der das vereinfachte Verfahren für alle Unterhaltsansprüche von Kindern, die mit dem in Anspruch genommenen Elternteil nicht in einem Haushalt leben, zugelassen wird, wenn der geltend gemachte Unterhaltsanspruch das Eineinhalbfache des jeweiligen Regelbetrages nach der Regelbetrag-Verordnung (die an die Stelle der bisherigen Regelunterhalt-Verordnung tritt) nicht übersteigt. Dies wurde damit begründet, daß die wesentliche Bedeutung des im Regierungsentwurf vorgesehenen Anspruchs auf Regelunterhalt darin liege, den Zugang zum vereinfachten Verfahren zu eröffnen. Es beständen jedoch keine durchgreifenden Bedenken dagegen, das vereinfachte Verfahren in weiterem Umfang zur Anwendung zu bringen. Damit soll es ermöglicht werden, künftig in den einzelnen Altersstufen das Existenzminimum sogar übersteigende Unterhaltsbeträge im vereinfachten Verfahren geltend zu machen[16]).

Im Bericht des Rechtsausschusses heißt es zu den Reformzielen[17]):

„Wichtigstes Ziel der Reform ist, die unterschiedliche Rechtslage für eheliche und nichteheliche Kinder auch im Unterhaltsrecht zu beseitigen. Während der Regierungsentwurf dieses Ziel dadurch verfolgt, daß er das bislang nur den nichtehelichen Kindern zur Verfügung stehende Regelunterhaltverfahren allen Kindern zugänglich machen will, zieht der Rechtsausschuß es vor, auf das allein für nichteheliche Kinder geschaffene Institut des Regelunterhalts ganz zu verzichten. Sowohl eheliche als auch nichteheliche Kinder sollen künf-

---

[16]) Beschlußempfehlung und Bericht des Rechtsausschusses, Bundestags-Drucksache 13/9596 S. 31.

[17]) Beschlußempfehlung und Bericht des Rechtsausschusses, Bundestags-Drucksache 13/9596 S. 30.

tig nach den gleichen Vorschriften den Individualunterhalt geltend machen können, und zwar entweder in Form eines festen Betrages oder eines Vomhundertsatzes der Regelbeträge.

Dem weiteren Anliegen des Regierungsentwurfs, das gerichtliche Unterhaltsverfahren insbesondere durch die Dynamisierung von Unterhaltstiteln und die Neuregelung der Anrechnung kindbezogener Leistungen zu vereinfachen, schließt sich der Rechtsausschuß ebenfalls an. Er ist jedoch der Auffassung, daß das vereinfachte Verfahren zur Geltendmachung von Unterhalt nicht auf Unterhaltsansprüche in Höhe des bisherigen Regelunterhalts beschränkt bleiben sondern in der Masse der Unterhaltsfälle anwendbar sein sollte und schlägt entsprechende Änderungen des Entwurfs vor.

Das dritte Grundanliegen des Entwurfs, die Stellung des Kindes im Unterhaltsprozeß durch bessere Möglichkeiten der Auskunftserlangung zu stärken, wird vom Rechtsausschuß uneingeschränkt begrüßt."

12   Der **Bundestag** hat das Kindesunterhaltsgesetz entsprechend der Beschlußempfehlung des Rechtsausschusses am 15. Januar 1998 in zweiter und dritter Lesung beschlossen. Mit seiner Zustimmung am 6. Februar 1998 hat der **Bundesrat** den Weg frei gemacht, daß das neue Recht - zusammen mit den übrigen Änderungen - am 1. Juli 1998 in Kraft treten kann[18]).

---

[18]) Artikel 8 Abs. 1 KindUG

B. Materielles Unterhaltsrecht

Das Kindesunterhaltsgesetz verfolgt im materiellen Unterhaltsrecht in erster Linie das Ziel, die Unterhaltsansprüche ehelicher und nichtehelicher Kinder zu vereinheitlichen und die Anpassung des Unterhaltsanspruchs an die wirtschaftlichen Verhältnisse zu vereinfachen. Daneben sind aber auch sonstige Änderungen zu verzeichnen.

Die Änderungen aufgrund des Kindesunterhaltsgesetzes konzentrieren sich auf drei Bereiche:

- Zunächst ist das **allgemeine** (Verwandten-) **Unterhaltsrecht** und da speziell der Unterhaltsanspruch minderjähriger Kinder betroffen (unten Teil I.). Hier sind Klarstellungen und Ergänzungen bezüglich der Erfüllung des Unterhaltsanspruchs durch Pflege und Erziehung eines minderjährigen Kindes, des Bestimmungsrechts der Eltern über die Art und Weise der Unterhaltsgewährung sowie hinsichtlich der gesteigerten Einstandspflicht der Eltern gegenüber volljährigen in der allgemeinen Schulausbildung befindlichen Kindern und dem Rang der Unterhaltsansprüche dieser Kinder erfolgt. Der Vereinheitlichung des Unterhaltsrechts dienen die Änderungen beim Übergang des Unterhaltsanspruchs und beim Anspruch auf Unterhalt für die Vergangenheit.

- Kernstück im materiell-rechtlichen Teil sind die den **Unterhaltsanspruch** des **minderjährigen Kindes** gegenüber dem Elternteil, mit dem es **nicht in einem Haushalt** lebt, betreffenden Regelungen (unten Teil II.). Hierbei geht es um den Bedarf des Kindes, die Dynamisierung des Unterhaltsanspruchs und die Anrechnung kindbezogener Leistungen.

- Schließlich erfolgen Änderungen hinsichtlich des **Unterhaltsanspruchs der mit dem Kindesvater nicht verheirateten Mutter** (unten Teil III.). Hiervon betroffen sind die Regelungen über den Betreuungsunterhalt und die einstweilige Verfügung.

I. Der allgemeine Unterhaltsanspruch insbesondere minderjähriger Kinder

15   Die allgemeinen für Unterhaltsansprüche zwischen Verwandten geltenden Vorschriften der §§ 1601 ff BGB haben durch das Kindesunterhaltsgesetz Modifizierungen erfahren. Die Änderungen beziehen sich auf die Bereiche

- Gewährung des Unterhalts durch Pflege und Erziehung eines minderjährigen Kindes[19]),
- Bestimmungsrecht der Eltern über die Art und Weise der Unterhaltsgewährung[20]),
- gesteigerte Einstandspflicht der Eltern gegenüber volljährigen in der allgemeinen Schulausbildung befindlichen Kindern sowie Rang der Unterhaltsansprüche dieser Kinder[21]),
- übergegangener Unterhaltsanspruch[22]) und
- Unterhalt für die Vergangenheit[23]).

1. Unterhaltsleistung durch Pflege und Erziehung minderjähriger Kinder, § 1606 Abs. 3 Satz 2 BGB

16   § 1606 Abs. 3 Satz 2 BGB a.F. bestimmte bisher, daß **die Mutter** ihre Unterhaltspflicht gegenüber einem minderjährigen unverheirateten Kind in der Regel durch die Pflege und Erziehung des Kindes erfüllt. In § 1606 Abs. 3 Satz 2 BGB in der Fassung des Kindesunterhaltsgesetzes ist nunmehr ausdrücklich klargestellt, daß nicht nur die Mutter, sondern jeder Elternteil, der ein minderjähriges unverheiratetes Kind betreut, seine Verpflichtung, zum Unterhalt dieses Kindes beizutragen, in der Regel[24]) durch die Pflege und Erziehung des Kindes erfüllt. Dies entspricht der bisherigen allgemeinen Auffassung,

---

[19]) Vgl. Rz. 16.
[20]) Vgl. Rz. 31 f.
[21]) Vgl. Rz. 17 ff.
[22]) Vgl. Rz. 24 ff.
[23]) Vgl. Rz. 33 ff.
[24]) Zu Ausnahmen insbesondere bei erheblich besseren wirtschaftlichen Verhältnissen des betreuenden Elternteils vgl. *Staudinger/Kappe/Engler* § 1606 Rz. 48 ff.

die aufgrund einer verfassungskonformen Auslegung der bisherigen Fassung zu demselben Ergebnis kam[25]). Aus der Regelung folgt, daß der nicht betreuende Elternteil im Regelfall allein barunterhaltspflichtig ist.

2. Gleichstellung bis 21jähriger Schüler, §§ 1603, 1609 BGB

Der Unterhaltsanspruch minderjähriger unverheirateter Kinder ist gegenüber dem allgemeinen Verwandtenunterhaltsanspruch hinsichtlich der gesteigerten Einstandspflicht der Eltern und dem Rang des Anspruchs privilegiert.

17

Jeder Unterhaltsanspruch wird durch die Leistungsfähigkeit des Verpflichteten beschränkt. So bestimmt § 1603 BGB, daß nicht unterhaltspflichtig ist, wer bei Berücksichtigung seiner sonstigen Verpflichtungen außerstande ist, den Unterhalt ohne Gefährdung seines angemessenen Unterhalts zu gewähren. Für Eltern schränkt § 1603 Abs. 2 BGB dies dahingehend ein, daß diese ihren minderjährigen unverheirateten Kindern gegenüber verpflichtet sind, grundsätzliche alle verfügbaren Mittel zu ihrem und der Kinder Unterhalt gleichmäßig zu verwenden. Hier wird regelmäßig nur der **notwendige** Selbstbehalt in Höhe von 1300 DM bei nicht erwerbstätigen und 1500 DM beim erwerbstätigen Verpflichteten[26]) anerkannt. Gegenüber volljährigen Kindern wird regelmäßig ein **angemessener** Selbstbehalt in Höhe von mindestens 1800 DM[27]) zugrunde gelegt. Gemäß § 1609 Abs. 1 BGB gehen minderjährige unverheiratete Kinder den anderen Kindern im Rang vor und stehen dem Ehegatten gemäß § 1609 Abs. 2 BGB gleich.

18

Die gesteigerte Einstandspflicht der Eltern gegenüber unverheirateten minderjährigen Kindern gemäß § 1603 Abs. 2 BGB und der Vorrang minderjähriger unverheirateter Kinder nach § 1609 BGB werden durch das Kindesunterhaltsgesetz auf volljährige unverheiratete Kinder bis zur Vollendung des 21. Lebensjahres ausgeweitet. Dies gilt

19

---

[25]) Vgl. *Staudinger/Kappe/Engler* § 1606 Rz. 17.
[26]) Vgl. *Staudinger/Kappe/Engler* § 1603 Rz. 225 ff, 229; Anm. 5 zur Düsseldorfer Tabelle (FamRZ 1995 S. 1323).
[27]) Vgl. *Staudinger/Kappe/Engler* § 1603 Rz. 192 ff, 197; Anm. 5 zur Düsseldorfer Tabelle (FamRZ 1995 S. 1323).

aber nur, solange diese Kinder im Haushalt der Eltern oder eines Elternteils leben und sich in der allgemeinen Schulausbildung befinden.

20 Gegenüber Kindern, die volljährig **und** unverheiratet sind **und** das 21. Lebensjahr noch nicht vollendet haben **und** im Haushalt der Eltern oder eines Elternteils leben **und** sich in der allgemeinen Schulausbildung befinden, sind Eltern nunmehr gemäß § 1603 Abs. 2 BGB verpflichtet, grundsätzlich alle verfügbaren Mittel zu ihrem und der Kinder Unterhalt gleichmäßig zu verwenden. Auch gehen diese Kinder neben den minderjährigen unverheirateten Kindern den anderen Kindern gemäß § 1609 Abs. 1 BGB im Rang vor und stehen dem Ehegatten gemäß § 1609 Abs. 2 BGB im Rang gleich.

21 Durch die Vorschrift wird verhindert, daß sich der Unterhaltsanspruch des Kindes mit Eintritt der Volljährigkeit reduziert[28], obwohl sich seine Lebensstellung ungeachtet der rechtlichen Beendigung der elterlichen Sorge nicht ändert und durchaus mit der minderjähriger Kinder vergleichbar ist. Dies erscheint insbesondere deshalb gerechtfertigt, weil z.B. das Abitur bei einer Einschulung im siebten Lebensjahr und nach dreizehn Schuljahren in der Zeit der Minderjährigkeit nicht erreicht werden kann. Unzumutbare Härten für die Eltern aufgrund eines unverhältnismäßig langen Schulbesuchs werden dadurch vermieden, daß die Gleichstellung nur bis zur Vollendung des 21. Lebensjahres erfolgt. Bis dahin wird die allgemeine Schulausbildung zumindest abschließbar sein. Von einer **allgemeinen** Schulausbildung wird auszugehen sein, wenn diese nicht auf einen berufsqualifizierenden Abschluß gerichtet ist.

22 Die Gleichstellung betrifft nur die gesteigerte Einstandspflicht der Eltern sowie den Rang des Unterhaltsanspruchs. Weitere Konsequenzen sind damit nicht verbunden. Es verbleibt insbesondere dabei, daß die Unterhaltspflicht gegenüber dem volljährigen Kind nicht mehr gemäß § 1606 Abs. 3 Satz 2 BGB durch die Pflege und Erziehung des Kindes erfüllt werden kann[29]. Vielmehr sind beide Elternteile grundsätzlich barunterhaltspflichtig.

23 Die Altersgrenze von 21 Jahren entspricht den Bestimmungen des Kinder- und Jugendhilferechts, wonach junge Volljährige bis zur Voll-

---

[28] Vgl. *Staudinger/Kappe/Engler* § 1609 Rz. 17 f.
[29] Vgl. Rz. 16.

endung des 21. Lebensjahres Anspruch auf Beratung bei der Geltendmachung von Unterhaltsansprüchen haben und für sie eine Verpflichtung zur Erfüllung von Unterhaltsansprüchen durch die Urkundsperson beim Jugendamt beurkundet werden kann (§ 18 Abs. 4 bzw. § 59 Abs. 1 Satz 1 Nr. 3 SGB VIII).

3. Der Übergang des Unterhaltsanspruchs, § 1607 BGB

§ 1607 BGB regelt den Fall, daß ein anderer an Stelle des Verpflichteten Unterhalt leistet. Auch hier sieht das Kindesunterhaltsgesetz geringfügige Änderungen vor. Unverändert bleibt die Regelung, daß für den Fall, daß ein Verwandter auf Grund des § 1603 BGB nicht oder nur eingeschränkt unterhaltspflichtig ist[30] oder die Rechtsverfolgung gegen ihn im Inland ausgeschlossen oder erheblich erschwert ist[31], der nach ihm haftende Verwandte den Unterhalt zu gewähren hat.

24

Soweit ein nachrangig verpflichteter Verwandter deshalb zur Leistung des Unterhalts verpflichtet ist, weil die **Rechtsverfolgung** gegen den primär verpflichteten Elternteil **im Inland ausgeschlossen** oder **erheblich erschwert** ist, geht der Unterhaltsanspruch des Berechtigten gegen den vorrangig Verpflichteten gemäß § 1607 Abs. 2 Satz 2 BGB auf ihn über.

25

Soweit eine Ersatzhaftung in den Fällen des Absatz 1 darauf beruht, daß ein Verwandter auf Grund des § 1603 BGB nicht oder nur eingeschränkt unterhaltspflichtig ist, scheidet insoweit mangels Unterhaltsanspruchs auch ein Forderungsübergang aus[32]

Die Vorschrift bezieht sich ausweislich des neuen Wortlauts - Einfügung der Wörter „nach Absatz 1 verpflichteter" - ausschließlich auf solche Verwandte, die aufgrund ihrer Ersatzhaftung Unterhalt leisten[33]. Für sonstige nicht dazu verpflichtete Unterhalt gewährende Dritte hängt es von den Voraussetzungen des Absatzes 3 ab, ob ein Forderungsübergang stattfindet.

26

---

[30] Vgl. Rz. 18.
[31] Vgl. dazu *Staudinger/Kappe/Engler* § 1607 Rz. 11 ff.
[32] Vgl. *Staudinger/Kappe/Engler* § 1607 Rz. 5.
[33] So wurde § 1607 auch bisher ausgelegt, vgl. *Staudinger/Kappe/Engler* § 1607 Rz. 24.

27 Während Absatz 2 also den Forderungsübergang auf einen nachrangig verpflichteten Verwandten regelt, betrifft der neue Absatz 3 den Forderungsübergang bei freiwilligen Leistungen bestimmter Dritter oder bei Leistungen eines vermeintlichen Kindesvaters. Auch hier setzt der Übergang des Unterhaltsanspruchs voraus, daß die Rechtsverfolgung gegen den primär verpflichteten Elternteil im Inland ausgeschlossen oder erheblich erschwert ist. Unter diesen Voraussetzungen geht der Unterhaltsanspruch des Kindes auf

- einen nicht unterhaltspflichtigen Verwandten oder
- den Ehegatten des anderen Elternteils

über, **soweit** diese an Stelle des Elternteils den Unterhalt leisten. Er geht unter den genannten Voraussetzungen ferner über auf

- einen Dritten, der dem Kind **als Vater**[34]) Unterhalt gewährt.

28 Dieser neue Absatz 3 tritt an die Stelle des § 1615 b Abs. 1 Satz 1 und Abs. 2 BGB a.F.. Die Regelung wurde in dieser allgemeinen, nicht mehr auf den Unterhaltsanspruch nichtehelicher Kinder beschränkten Form übernommen, weil der Normzweck des § 1615 b BGB a.F., die Bereitschaft anderer Verwandter zur Unterstützung von Mutter und Kind zu fördern, auch bei ehelichen Kindern eingreift. Auch werden nunmehr die Unterhaltsansprüche gegenüber beiden Elternteilen erfaßt.

29 Die Voraussetzung, daß die Rechtsverfolgung gegen den unterhaltspflichtigen Elternteil im Inland ausgeschlossen oder erheblich erschwert ist, liegt z.B. gegenüber dem nichtehelichen Vater vor Feststellung oder Anerkennung der Vaterschaft vor[35]).

30 Absatz 4 bestimmt, daß der Übergang des Unterhaltsanspruchs nicht zum Nachteil des Unterhaltsberechtigten geltend gemacht werden kann. Dies entspricht den bisherigen §§ 1607 Abs. 2 Satz 3 und 1615 b Abs. 1 Satz 2 BGB a.F.[36]).

---

[34]) Vgl. dazu *Staudinger/Eichenhofer* § 1615 b Rz. 27.
[35]) Vgl. Rz. 40.
[36]) Vgl. hierzu z.B. *Staudinger/Kappe/Engler* § 1607 Rz. 40 ff. und *Staudinger/Eichenhofer* § 1615 b Rz. 31 ff.

4. Das Bestimmungsrecht der Eltern über die Unterhaltsgewährung, § 1612 Abs. 2 BGB

Unterhalt ist gemäß § 1612 Abs. 1 und 3 BGB grundsätzlich als Geldrente monatlich im voraus zu leisten. Abweichend davon können Eltern, die einem **unverheirateten** (minderjährigen oder volljährigen) Kind gegenüber unterhaltspflichtig sind, gemäß § 1612 Abs. 2 BGB bestimmen, in welcher Art und für welche Zeit im voraus der Unterhalt gewährt werden soll. Dieses Bestimmungsrecht der Eltern über die Art und Weise der Unterhaltsgewährung wird durch das Kindesunterhaltsgesetz - entsprechend der bisherigen allgemeinen Auffassung[37]) - ausdrücklich dahingehend beschränkt, daß auf die Belange des Kindes die gebotene Rücksicht zu nehmen ist[38]). Diese ausdrückliche gesetzliche Klarstellung erfolgt insbesondere im Hinblick auf volljährige unverheiratete Kinder[39]).

31

Das Bestimmungsrecht greift gegenüber einem minderjährigen Kind nach wie vor dann nicht ein, wenn es von dem nicht sorgeberechtigten Elternteil nicht in dessen Haushalt aufgenommen wurde, § 1612 Abs. 2 Satz 3 BGB[40]). In diesen Fällen bleibt es grundsätzlich bei der Verpflichtung, den Unterhalt durch monatlich im voraus zu entrichtende Geldrente zu leisten.

32

5. Unterhalt für die Vergangenheit, § 1613 BGB

Die Geltendmachung von Unterhalt für die Vergangenheit wird durch § 1613 BGB beschränkt. Zum Schutz des Unterhaltspflichtigen vor hohen Nachforderungen kann Unterhalt für die Vergangenheit nur unter Einschränkungen verlangt werden. Diese Einschränkungen werden durch das Kindesunterhaltsgesetz etwas gelockert. Darüber hinaus wurden im Interesse der Vereinheitlichung der Rechtslage für eheliche und nichteheliche Kinder die Grundgedanken der bislang

33

---

[37]) Vgl. *Staudinger/Kappe/Engler* § 1612 Rz. 29; *Kalthoener/Büttner* Rz. 201.
[38]) Der Bundesrat hatte eine Streichung des Bestimmungsrechts gefordert, Nummer 1 der Stellungnahme, Bundestags-Drucksache 13/7338 S. 52.
[39]) Vgl. Beschlußempfehlung und Bericht des Rechtsausschusses, Bundestags-Drucksache 13/9596 S. 32.
[40]) Vgl. dazu *Staudinger/Kappe/Engler* § 1612 Rz. 40.

nur für nichteheliche Kinder geltenden Regelungen (§§ 1615 d, 1615 i BGB a.F.) für alle Unterhaltsansprüche in den § 1613 BGB integriert.

a) Grundsatz, § 1613 Abs. 1 BGB

34 Unterhalt für die Vergangenheit konnte bislang gem. § 1613 BGB grundsätzlich nur von der Zeit an gefordert werden, zu welcher der Unterhaltspflichtige in Verzug gekommen oder der Unterhaltsanspruch rechtshängig geworden ist. Das Kindesunterhaltsgesetz erweitert dies dahingehend, daß Unterhalt für die Vergangenheit auch von dem Zeitpunkt an geltend gemacht werden kann, in welchem dem Unterhaltspflichtigen ein Verlangen, über seine Einkünfte und sein Vermögen zum Zwecke der Geltendmachung des Unterhaltsanspruchs[41]) Auskunft zu erteilen (vgl. § 1605 BGB), zugegangen ist.

35 Die Regelung ist gerechtfertigt, weil der Unterhaltspflichtige ab diesem Zeitpunkt nicht schutzwürdig ist. Sobald ihm ein ausdrücklich zum Zwecke der Geltendmachung des Unterhaltsanspruchs ausgesprochenes Auskunftsbegehren zugegangen ist, muß er konkret damit rechnen, auf Unterhalt in Anspruch genommen zu werden. Er hat dann die Möglichkeit, hierfür Vorsorge zu treffen und gegebenenfalls Rückstellungen zu bilden. Die Erweiterung ist auch sinnvoll, weil dem Berechtigten ermöglicht wird, rückwirkend Unterhalt geltend zu machen, ohne sich - weil die Höhe der geschuldeten Unterhaltsleistung bei der Mahnung erkennbar sein muß[42]) - zuvor über die Höhe des geschuldeten Betrages klar zu werden bzw. ohne auf Verdacht zu hohe Unterhaltsbeträge einfordern zu müssen, um später nicht an der rückwirkenden Geltendmachung von Unterhalt gehindert zu sein[43]). Im übrigen wird mit der Ergänzung auch die Hoffnung verbunden, daß sich die Beteiligten nach Erteilung der gewünschten Auskunft außergerichtlich über die Höhe auch des rückwirkend zu zahlenden Unterhalts einigen[44]).

---

[41]) Das Erfordernis der Zweckbestimmung beruht auf einem Petitum des Bundesrates in Nummer 4 der Stellungnahme, Bundestags-Drucksache 13/7338 S. 53.
[42]) Vgl. *Staudinger/Kappe/Engler* § 1613 Rz. 26.
[43]) Vgl. Bundestags-Drucksache 13/7338 S. 31.
[44]) So Bundestags-Drucksache 13/7338 S. 31.

Beweisschwierigkeiten im Hinblick auf den Zugang des Auskunftsverlangens trägt im vereinfachten Verfahren über den Unterhalt Minderjähriger § 648 Abs. 1 S. 3 ZPO Rechnung. Das Gericht kann den Einwand, das Auskunftsbegehren sei nicht zugegangen, bereits dann zurückweisen, wenn er ihm nicht begründet erscheint[45]).

36

Neu ist auch die Regelung des Satzes 2, nach welcher der Unterhalt bereits ab dem Ersten des Monats geschuldet wird, in den die bezeichneten Ereignisse (Verzug, Rechtshängigkeit, Zugang des Auskunftsverlangens) fallen, **wenn** der Unterhaltsanspruch dem Grunde nach zu diesem Zeitpunkt bestanden hat. Die Regelung geht auf eine Prüfbitte des Bundesrates zurück[46]). Sie wird zu Vereinfachungen im Berechnungsverfahren - insbesondere im Bereich der Abänderung von Unterhaltstiteln[47]) - führen. Die Voraussetzung, daß ein Unterhaltsanspruch zu diesem Zeitpunkt bestanden haben muß, nimmt einen gewissen Teil der Fälle aus dem Anwendungsbereich der Regelung heraus, ist aber unabdingbar. Es sind - insbesondere bei der Erstfestsetzung des Unterhalts - durchaus Fälle vorstellbar, in denen die den Unterhaltsanspruch begründenden Tatsachen (Geburt des Kindes, Trennung der Eltern und Verbleib des Kindes beim betreuenden Elternteil) erst im Laufe des Monats eintreten, in den auch die in § 1613 Abs. 1 BGB genannten Ereignisse fallen. Wenn der Unterhalt in diesen Fällen bereits ab dem Ersten des Monats, in den die Ereignisse fallen, verlangt werden könnte, würde für einen Zeitraum (von bis zu knapp einem Monat) rückwirkend Unterhalt verlangt werden können, für den ein entsprechender Barunterhaltsanspruch nicht bestanden hat[48]).

37

---

[45]) Vgl. Rz. 245; das Risiko, daß der ordnungsgemäß zur Post aufgegebene Brief den Adressaten nicht erreicht, ist nach den von der Deutschen Post AG durchgeführten statistischen Erhebungen über den Verlust von Postsendungen außerordentlich gering, vgl. Bundestags-Drucksache 13/7338 S. 58.

[46]) Bundestags-Drucksache 13/7338 S. 53 f (Nummer 5), zur Stellungnahme der Bundesregierung vgl. Bundesrats-Drucksache 902/97.

[47]) Für diesen Bereich steht *Kleinle*, DAVorm 1996, 813, 825 der Erweiterung des Voraussetzungskatalogs des § 1613 Abs. 1 BGB um den Zugang des Auskunftsverlangens kritisch gegenüber. Vgl. zur Abänderung auch Rz. 267 ff.

[48]) Vgl. Beschlußempfehlung und Bericht des Rechtsausschusses, Bundestags-Drucksache 13/9596 S. 34.

Beispiel: Die Eltern eines Kindes trennen sich im Frühjahr 1998, der Vater zieht aus dem gemeinsamen Haushalt aus. Am 25. Juli geht ihm ein Verlangen, zum Zwecke der Geltendmachung des Unterhaltsanspruchs des Kindes über seine Einkünfte und sein Vermögen Auskunft zu erteilen, zu. In diesem Fall kann später rückwirkender Unterhalt für die Zeit ab dem 1. Juli 1998 festgesetzt werden, weil zu diesem Zeitpunkt ein entsprechender Barunterhaltsanspruch bestanden hat.

b) Ausnahmen von dem Grundsatz, § 1613 Abs. 2 BGB

aa) Sonderbedarf

38 Beibehalten wird die Regelung, daß der Berechtigte ohne die Einschränkung des Absatzes 1 wegen eines unregelmäßigen außergewöhnlich hohen Bedarfs (**Sonderbedarf**) innerhalb eines Jahres auch für die Vergangenheit die Erfüllung des Unterhaltsanspruchs verlangen kann[49]. Nach Ablauf eines Jahres seit seiner Entstehung kann dieser Anspruch wie bisher nur noch geltend gemacht werden, wenn der Verpflichtete vorher in Verzug geraten oder der Anspruch rechtshängig geworden ist, § 1613 Abs. 2 Nr. 1 BGB. Der Zugang eines Auskunftsersuchen[50] reicht hier nicht.

bb) Hinderung aus rechtlichen oder tatsächlichen Gründen

39 Durch das Kindesunterhaltsgesetz wird in dieser Allgemeinheit in § 1613 Abs. 2 Nr. 2 BGB neu geregelt, daß der Berechtigte ohne die Einschränkung des Absatzes 1 rückwirkend Unterhalt auch für den Zeitraum verlangen kann, in dem er entweder aus rechtlichen Gründen (Buchstabe a) oder aus tatsächlichen Gründen, die in den Verantwortungsbereich des Unterhaltspflichtigen fallen (Buchstabe b), an der Geltendmachung des Unterhaltsanspruchs gehindert war.

40 Eine **rechtliche Hinderung** an der Geltendmachung des Unterhaltsanspruchs - die naturgemäß nicht in den Verantwortungsbereich des Unterhaltspflichtigen fallen muß - liegt regelmäßig hinsichtlich solcher Unterhaltsansprüche eines Kindes vor, die vor Anerkennung

---

[49] Vgl. zum Sonderbedarf *Staudinger/Kappe/Engler* § 1613 Rz. 72 ff.
[50] Vgl. Rz. 34 f.

(§ 1594 Abs. 1 BGB[51]) oder Feststellung (§ 1600 d Abs. 4 BGB[52]) der Vaterschaft entstanden sind. Aufgrund der genannten Vorschriften können die Rechtswirkungen der Vaterschaft vor der Anerkennung oder Feststellung grundsätzlich nicht geltend gemacht werden (ebenso § 1600 a BGB a.F.). § 1613 Abs. 2 Nr. 2 a BGB ermöglicht hier wie bislang § 1615 d BGB a.F. für das Kind uneingeschränkt die rückwirkende Geltendmachung der Unterhaltsansprüche.

Darüber hinaus wird nunmehr auch regelmäßig die rückwirkende Geltendmachung gemäß § 1607 Abs. 2, 3 BGB übergegangener Ansprüche eines Dritten, der an Stelle des Verpflichteten Unterhalt geleistet hat[53]), unabhängig von den Voraussetzungen des Absatzes 1 ermöglicht[54]). Denn wenn der Unterhaltsanspruch gegen den Verpflichteten auf einen Verwandten oder Dritten übergeht, weil die Rechtsverfolgung gegen den Verpflichteten im Inland ausgeschlossen oder erheblich erschwert ist, werden regelmäßig auch die Voraussetzungen des § 1613 Abs. 2 Nr. 2 BGB gegeben sein. Insbesondere kann der Scheinvater, auf den der Unterhaltsanspruch des Kindes gemäß § 1607 BGB übergegangen ist[55]), diesen vor Anerkennung oder Feststellung der Vaterschaft nicht geltend machen. **41**

Eine **Hinderung aus tatsächlichen Gründen**, die in den Verantwortungsbereich des Unterhaltspflichtigen fallen, kann z.B. dann vorliegen, wenn die Geltendmachung des Unterhaltsanspruchs aufgrund eines Auslandsaufenthalts des Verpflichteten vereitelt oder zumindest erheblich verzögert worden ist. **42**

Wenn allerdings der Aufenthalt des Unterhaltsverpflichteten feststeht, dürfte die Geltendmachung des Unterhaltsanspruchs - mit Ausnahme des Unterhaltsanspruchs vor Feststellung oder Anerkennung der Vaterschaft - in aller Regel auch rechtlich und tatsächlich möglich sein, so daß rückwirkender Unterhalt nur unter den Voraussetzungen des Absatz 1 geltend gemacht werden kann. In der Vielzahl der Fälle **43**

---

[51]) In der Fassung des KindRG.
[52]) In der Fassung des KindRG.
[53]) Vgl. Rz. 24 ff.
[54]) Bundestags-Drucksache 13/7338 S. 31; zum Streitstand bezüglich des alten Rechts vgl. *Staudinger/Kappe/Engler* § 1607 Rz. 32 f.
[55]) Vgl. Rz. 27.

dürfte der Anwendungsbereich der Nummer 2 daher dem des bisherigen § 1615 d BGB a.F. entsprechen[56]).

c) Erlaß, Teilzahlung, Stundung, § 1613 Abs. 3 BGB

44   Neu in dieser Allgemeinheit ist ferner die Regelung des § 1613 Abs. 3 BGB, die **ausschließlich** für die Fälle des Absatz 2 Nr. 2 (rechtliche oder in den Verantwortungsbereich des Verpflichteten fallende tatsächliche Hinderung an der Geltendmachung des Unterhaltsanspruchs) die Möglichkeit des Erlasses, der Teilzahlung oder der Stundung eröffnet. Der Anspruch auf rückständigen Unterhalt ist in den Fällen des Absatzes 2 Nr. 2 dahingehend modifiziert, daß der Berechtigte die Erfüllung nicht, nur in Teilbeträgen oder erst zu einem späteren Zeitpunkt verlangen kann, soweit die volle oder die sofortige Erfüllung für den Verpflichteten eine unbillige Härte bedeuten würde. Die Billigkeitsgründe müssen vom Unterhaltsverpflichteten bei einer außergerichtlichen oder gerichtlichen Verfolgung des Anspruchs auf Rückstände einredeweise geltend gemacht werden[56a]).

45   Voraussetzung für die Zahlungserleichterungen ist, daß die volle oder die sofortige Erfüllung für den Verpflichteten eine unbillige Härte bedeuten würde. Die Vorschrift vereinfacht und verallgemeinert die bisherige Regelung des § 1615 i Abs. 1 und 2 BGB a.F. Sie wird wegen der Anknüpfung an den Absatz 2 Nr. 2 nach wie vor hauptsächlich für die Fälle Bedeutung gewinnen, in denen der gegenüber einem nichtehelichen Kind Unterhaltsverpflichtete erst später definitiv festgestellt wird[57]). Es ist jedoch nicht auszuschließen, daß eine Stundung oder ein Erlaß von Unterhaltsansprüchen auch in anderen Fällen geboten sein kann. Da durch die Vorschrift des Absatzes 2 Nr. 2 Unterhaltsansprüche für die Vergangenheit ganz allgemein unter erleichterten Voraussetzungen geltend gemacht werden können, erscheint auch insoweit ein erweitertes Korrektiv zugunsten des Unterhaltsverpflichteten zweckmäßig[58]).

---

[56]) Bundestags-Drucksache 13/7338 S. 31.
[56a]) Bundestags-Drucksache 13/7338 S. 32.
[57]) Vgl. Rz. 40.
[58]) Ablehnend z.B. Familienrechtsausschuß des Deutsche Anwaltvereins, FamRZ 1997, 276.

Eine zeitliche Begrenzung für den Erlaß von Unterhaltsforderungen[59]) ist nicht mehr vorgesehen. Dies erscheint unbedenklich, weil der Zeitfaktor bei der Billigkeitsentscheidung ohnehin regelmäßig berücksichtigt werden muß. Auch wird der Erlaß wie bisher nur ganz ausnahmsweise gewährt werden können. Eine für den Verpflichteten in der **sofortigen Erfüllung** liegende unbillige Härte mag zwar durchaus eine Stundung oder Ratenzahlungsmöglichkeit rechtfertigen, nicht jedoch einen Erlaß. Und auch eine in der **vollen Erfüllung** liegende Härte wird es regelmäßig lediglich rechtfertigen, einen Teil der Forderung zu erlassen.

46

Die Möglichkeit des Erlasses, der Teilzahlung oder der Stundung ist gemäß Absatz 3 Satz 2 auch gegeben, soweit ein Dritter vom Verpflichteten Ersatz verlangt, weil er an Stelle des Verpflichteten Unterhalt gewährt hat (vgl. § 1607 BGB[60])). Dies entspricht § 1615 i Abs. 3 BGB a.F. Nicht mehr ausdrücklich erwähnt wird, daß bei der Entscheidung auch die Bedürfnisse und die wirtschaftlichen Verhältnisse des Dritten zu berücksichtigen sind. Dies ist bei einer Billigkeitsentscheidung auch selbstverständlich.

47

Die bisherigen besonderen Verfahrensvorschriften über Stundung und Erlaß rückständigen Unterhalts in der ZPO (insbesondere §§ 642 e, 642 f ZPO a.F.) werden entbehrlich, weil Stundung und Erlaß nicht mehr als Gestaltungsrechte des Gerichts, sondern als materiellrechtliche Einwendungen ausgestaltet sind.

48

Besonders zu betonen ist, daß die Regelung des Absatzes 3 keine Benachteiligung ehelicher Kinder darstellt. Denn die in Absatz 3 vorgesehenen Möglichkeiten können nur in den Fällen des Absatz 2 Nr. 2 zur Anwendung kommen. Und die dort vorgesehenen erweiterten Möglichkeiten der rückwirkenden Geltendmachung von Unterhalt bestanden für eheliche Kinder bislang nicht. Den ehelichen Kindern werden die Verbesserungen des Absatzes 2 also mit den Einschränkungen des Absatzes 3 geboten, so daß es im Ergebnis ausschließlich bei einer Verbesserung verbleibt.

49

---

[59]) § 1615 i Abs. 2 Satz 1 BGB a.F. hat den Erlaß nur für Ansprüche, die früher als ein Jahr vor Anerkennung der Vaterschaft oder Erhebung der Klage auf Feststellung der Vaterschaft fällig geworden sind, zugelassen, vgl. *dazu Staudinger/Eichenhofer* § 1615 i Rz. 21.

[60]) Vgl. Rz. 24 ff.

II. Der Unterhaltsanspruch minderjähriger Kinder bei Getrenntleben der Eltern

50 Hinsichtlich des **Unterhaltsanspruchs** eines minderjährigen Kindes **gegenüber dem Elternteil, mit dem es nicht in einem Haushalt** lebt, ergeben sich aufgrund des Kindesunterhaltsgesetzes gravierende Änderungen. Diese betreffen zum einen den Bedarf des Kindes[61]) und zum anderen die Möglichkeit, den Unterhaltsanspruch zu dynamisieren, das heißt automatisch der Nettolohnentwicklung anzupassen[62]). Schließlich wird das Recht der Anrechnung kindbezogener Leistungen vereinheitlicht und vereinfacht[63]).

1. Vorbemerkung

51 Bisher konnten eheliche Kinder nur den ihren persönlichen Verhältnissen entsprechenden Unterhalt im relativ aufwendigen Klageverfahren geltend machen. Nichteheliche Kinder hatten dagegen **zusätzlich** die Möglichkeit, in einem vereinfachten Verfahren schnell und unkompliziert einen Titel auf Regelunterhalt (§§ 1615 f ff. BGB a. F.) zu erlangen.

52 Aufgrund des Nichtehelichengesetzes von 1969[64]) galten die allgemeinen Vorschriften über den individuellen Unterhalt (§§ 1601 ff. BGB) grundsätzlich auch für nichteheliche Kinder. Dennoch hatte die individuelle Unterhaltsklage nichtehelicher Kinder in der Praxis nur geringe Bedeutung. In der ganz überwiegenden Zahl der Fälle wurde der Regelunterhalt nach den §§ 1615 f bis 1615 h BGB a.F. begehrt[65]).

53 Nach einer Anpassung der Regelbedarfssätze an die Änderung der wirtschaftlichen Verhältnisse - die im Durchschnitt alle drei bis vier Jahre durch Änderungsverordnung erfolgte - mußten die titulierten

---

[61]) Vgl. Rz. 58 ff.
[62]) Vgl. Rz. 65 ff.
[63]) Vgl. Rz. 118 ff.
[64]) Gesetz über die rechtliche Stellung nichtehelicher Kinder vom 19. August 1969, BGBl. I S. 1243.
[65]) Vgl. Bundestags-Drucksache 13/7338 S. 16.

Regelunterhaltsbeträge unter Inanspruchnahme der Gerichte im Beschlußwege neu festgesetzt werden (§ 642 b ZPO a.F.). Auch für Individualunterhaltsrenten mußten die Unterhaltstitel nach jeder Anpassung der Sätze durch Rechtsverordnung im vereinfachten gerichtlichen Verfahren durch Beschluß entsprechend abgeändert werden (§§ 641 l ff. ZPO a.F.). § 1615 f BGB a.F. definierte den Regelunterhalt als den zum Unterhalt eines nichtehelichen Kindes, das sich in der Pflege seiner Mutter befindet, bei einfacher Lebenshaltung im Regelfall erforderlichen Betrag. § 1610 Abs. 3 BGB a.F. bestimmte, daß dieser Betrag auch als Mindestbedarf eines ehelichen Kindes, das in den Haushalt eines geschiedenen Ehegatten aufgenommen ist, gelte.

Aufgrund der Regelungen des Kindesunterhaltsgesetzes können eheliche und nichteheliche Kinder nach einheitlichen rechtlichen Regelungen nur noch den ihren persönlichen Verhältnissen entsprechenden (Individual-) Unterhalt verlangen. Dieser Unterhaltsanspruch kann aber - was bisher nicht möglich war - entsprechend der Nettolohnentwicklung dynamisiert werden. Die Gerichte brauchen für eine Anpassung der Titel dann nicht mehr in Anspruch genommen werden. **54**

Durch das Kindesunterhaltsgesetz werden nahezu alle bisher für das nichteheliche Kind geltenden unterhaltsrechtlichen Sondervorschriften (§§ 1615 b bis 1615 k BGB a.F.) aufgehoben. Insbesondere gibt es keinen eigenen materiell-rechtlichen Anspruch auf Regelunterhalt mehr. Auch die den Bedarf betreffenden Vorschriften der §§ 1615 f und 1610 Abs. 3 BGB a.F. gelten nicht mehr. Das Kindesunterhaltsgesetz enthält keinerlei konkrete Aussagen zum Bedarf der Kinder, die mit dem barunterhaltspflichtigen Elternteil nicht in einem Haushalt leben. Hier werden bei Anwendung des § 1610 Abs. 2 BGB die Berichte der Bundesregierung über die Höhe des Existenzminimums von Kindern und Familien im Jahr 1996 und 1999 (Existenzminimumsbericht 1996 bzw. 1999)[66] aber nicht unbeachtet bleiben können. **55**

Der Regierungsentwurf eines Kindesunterhaltsgesetzes hatte vorgesehen, zusätzlich zum Anspruch auf Individualunterhalt den bislang nur nichtehelichen Kindern zur Verfügung stehenden Anspruch auf Regelunterhalt auch ehelichen **56**

---

[66] Bundestags-Drucksache 13/381; Bundestags-Drucksache 13/9561; vgl. Rz. 60.

Kindern, die mit dem in Anspruch genommenen Elternteil nicht in einem Haushalt leben, zu eröffnen[67]). Da dieser Anspruch auf Regelunterhalt in einem deutlich vereinfachten Verfahren schnell und unkompliziert durchgesetzt werden sollte, wurde die Höhe der Regelbeträge - den bisherigen Regelbedarfssätzen entsprechend - so festgesetzt, daß sie dem entspricht, was in der Vielzahl der Fälle auch aufgrund der individuellen Verhältnisse der Verpflichteten geschuldet wird. Neben diesem Anspruch auf Regelunterhalt hätten nach dem Regierungsentwurf sowohl eheliche als auch nichteheliche Kinder die Möglichkeit gehabt, den ihnen zustehenden Individualunterhaltsanspruch im normalen Unterhaltsverfahren geltend zu machen.

An diesen Grundgedanken des Regierungsentwurfs ist erhebliche Kritik geübt worden. Diese Kritik hat gezeigt, daß die Konzeption des Kindesunterhaltsgesetzes vielfach im Unklaren geblieben ist. Dem Entwurf wurde insbesondere eine Abkehr vom Bedarfsdeckungsprinzip vorgeworfen[68]). Da die wesentliche Bedeutung des im Regierungsentwurf vorgesehenen Regelunterhalts ohnehin nur noch darin lag, den Zugang zu dem vereinfachten Verfahren zur Geltendmachung von Regelunterhalt zu eröffnen, wurde - auch zur Vermeidung des unzutreffenden Eindrucks, daß als bedarfsdeckender Unterhalt nur ein Unterhalt in Höhe des Regelunterhalts geschuldet werde[69]),- in den parlamentarischen Beratungen die Konzeption des Kindesunterhaltsgesetzes geändert. Es wurde nicht die Anspruchsberechtigung hinsichtlich des Regelunterhalts auf eheliche Kinder ausgeweitet, sondern das bislang nur für den Regelunterhalt vorgesehene vereinfachte Verfahren für wesentlich mehr Unterhaltsansprüche als bisher eröffnet.

57 Anstelle des vielfach fehlinterpretierten Anspruchs auf Regelunterhalt haben nach dem Kindesunterhaltsgesetz sowohl eheliche als auch nichteheliche Kinder, die mit dem Unterhaltspflichtigen nicht in einem Haushalt leben, die Möglichkeit, den ihnen aufgrund der §§ 1601 ff. BGB zustehenden Unterhalt im vereinfachten Verfahren geltend zu machen, wenn der beanspruchte Unterhalt das Eineinhalbfache der jeweiligen Regelbeträge nach der Regelbetrag-Verordnung (anstelle der bisherigen Regelunterhalt-Verordnung[70]) nicht übersteigt. Es können also in den einzelnen Altersstufen Unterhaltsbeträge bis zur Höhe von 524, 636 und 753 DM bzw. in den neuen Bundesländern bis zur Höhe von 471, 570 und 677 DM im vereinfachten Verfahren verfolgt werden. Damit können das Existenzmini-

---

[67]) Zum Regierungsentwurf vgl. *Greßmann/Rühl*, DAVorm 1997, 161 ff.; *Schwolow*, FuR 1997, 4 ff.; *Wagner*, FamRZ 1997, 1513 ff.; *Wohlgemuth*, FamRZ 1997, 471 ff.
[68]) Z.B. Verband alleinerziehender Mütter und Väter, DAVorm 1997, 352.
[69]) Bundestags-Drucksache 13/9596 S. 31.
[70]) Die Regelunterhalt-Verordnung wird durch Artikel 6 Nr.1 KindUG aufgehoben.

mum der Kinder[71]) absichernde Unterhaltsbeträge im vereinfachten Verfahren verfolgt werden.

2. Zum Bedarf

Nach § 1601 BGB sind Verwandte in gerader Linie verpflichtet, einander Unterhalt zu gewähren. Das Maß des zu gewährenden Unterhalts bestimmt sich gemäß § 1610 BGB nach der Lebensstellung des Bedürftigen und umfaßt den gesamten Lebensbedarf[72]) einschließlich der Kosten einer angemessenen Vorbildung zu einem Beruf, bei einer der Erziehung bedürftigen Person auch die Kosten der Erziehung. Durch diese gesetzliche Vorschrift ist sichergestellt, daß grundsätzlich ein Anspruch auf bedarfsdeckenden Unterhalt besteht.

58

Dieser Anspruch wurde bisher für minderjährige Kinder, die mit dem unterhaltsverpflichteten Elternteil nicht in einem Haushalt leben, durch die §§ 1615 f BGB a.F. (für nichteheliche Kinder) und 1610 Abs. 3 BGB a.F. (für eheliche Kinder) konkretisiert. § 1615 f BGB a.F. definierte - den tatsächlichen Verhältnissen nicht entsprechend[73])- den Regelunterhalt als den zum Unterhalt eines nichtehelichen Kindes, das sich in der Pflege seiner Mutter befindet, bei einfacher Lebenshaltung im Regelfall erforderlichen Betrag. § 1610 Abs. 3 BGB a.F. bestimmte, daß dieser Betrag auch als Mindestbedarf eines ehelichen Kindes, das in den Haushalt eines geschiedenen Ehegatten aufgenommen ist, gelte. Wurde nur dieser (Regel-) Betrag verlangt, sollte keine weitere Darlegung der Bedarfshöhe erforderlich sein[74]).

59

Mit der Aufhebung dieser Vorschriften gilt für den Bedarf auch eines minderjährigen Kindes uneingeschränkt § 1610 Abs. 2 BGB. Danach umfaßt der Unterhalt den gesamten Lebensbedarf[75]). Als Untergrenze des gesamten Lebensbedarfs wird auf das unter Zugrundelegung verfassungsgerichtlicher Vorgaben[76]) von der Bundesregierung

60

---

[71]) Vgl. Rz. 60.
[72]) Vgl. dazu z.B. *Staudinger/Kappe/Engler* § 1610 Rz. 44 ff.
[73]) Vgl. Bundestags-Drucksache 13/7338 S. 23; Bundestags-Drucksache 13/9596 S. 34; *Wagner*, FamRZ 1997 1513 f.; vgl. Rz. 60.
[74]) *Staudinger/Kappe/Engler* § 1610 Rz. 203; *Kalthoener/Büttner* Rz. 149 m.w.Nachw.
[75]) Von einer „Abkehr vom Bedarfsdeckungsprinzip" (vgl. Rz. 56) kann also keine Rede sein.
[76]) BVerfGE 87, 153, 172 ff.

auf der Grundlage des Sozialhilfebedarfs ermittelte Existenzminimum von Kindern und Familien[77]) abzustellen sein[78]). Dieses beträgt für Kinder 1996 monatlich 524 DM[79]) und ab 1999 monatlich 558 DM[80]). Bei einer Verteilung auf die einzelnen Altersstufen nach dem Kindesunterhaltsgesetz beträgt es **431** DM (ab 1999 **461** DM) in der ersten, **510** DM (ab 1999 **544** DM) in der zweiten und **631** DM (ab 1999 **670** DM) in der dritten Altersstufe[81]) und entspricht damit derzeit beispielsweise in etwa der Gruppe 4 der Düsseldorfer Tabelle.

> Die Verteilung auf die einzelnen Altersstufen beruht auf folgendem: In den Existenzminimumsberichten 1996 und 1999 wird wegen des Erfordernisses, im Steuerrecht zu pauschalieren, das durchschnittliche Existenzminimum für die gesamte Dauer der Minderjährigkeit eines Kindes berechnet. Dabei wird unter Zugrundelegung des durchschnittlichen Sozialhilfebedarfs davon ausgegangen, daß für Kinder unter 7 Jahren 50 %, für Kinder unter 14 Jahren 65 % und für Kinder unter 18 Jahren 90 % des Regelsatzes eines Haushaltsvorstandes heranzuziehen sind[82]). Einmalige Leistungen werden mit 20 % des Regelsatzes und Kaltmiete sowie Heizkosten mit festen Beträgen veranschlagt[83]). Bei einer Um-

---

[77]) Einen entsprechenden Bericht hat die Bundesregierung nach dem Beschluß des Deutschen Bundestages vom 2. Juni 1995 alle 2 Jahre vorzulegen, vgl. Bundestags-Drucksache 13/1558 und amtliches Protokoll der 42. Sitzung des Deutschen Bundestages am 2. Juni 1995.

[78]) *Wagner,* FamRZ 1997 1513 f, der allerdings abweichende Beträge nennt, was darauf zurückzuführen sein dürfte, daß die unterschiedlichen Altersstufen von Sozialhilferecht und Unterhaltsrecht nicht berücksichtigt wurden. *Staudinger/Kappe/Engler* § 1610 Rz. 201 weisen zutreffend darauf hin, daß hinsichtlich der Darlegung des Bedarfs in der Regel eine Anlehnung an Erfahrungswerte genüge. Bessere Erfahrungswerte als die auf verfassungsgerichtlichen Vorgaben beruhenden Existenzminimumsberichte der Bundesregierung dürften aber schwerlich zu finden sein. Das BVerfG hat die dem Existenzminimumsbericht 1996 zugrunde gelegte Berechnungsmethode mit Beschluß der 3. Kammer des Ersten Senats vom 30. Januar 1997 gebilligt, vgl. Bundestags-Drucksache 13/9561 S. 2.

[79]) Jährlich 6288 DM, Bundestags-Drucksache 13/381 S. 4.

[80]) Jährlich 6696 DM, Bundestags-Drucksache 13/9561 S. 4. Der Kinderfreibetrag in Höhe von 576 DM (§ 32 Abs. 6 EStG) geht also sowohl derzeit als auch 1999 über das zur Steuerfreistellung eines Einkommensbetrages in Höhe des Existenzminimums eines Kindes Erforderliche hinaus. Den entsprechenden verfassungsgerichtlichen Vorgaben ist damit Rechnung getragen.

[81]) Beschlußempfehlung und Bericht des Rechtsausschusses, Bundestags-Drucksache 13/9596 S. 34.

[82]) Vgl. auch BVerfGE 82, 60, 93 ff.

[83]) Vgl. zur Berechnung Bundestags-Drucksachen 13/381 und 13/956) jeweils S. 2 ff.

rechnung auf die Altersstufen des § 1612 a BGB sind demgemäß hinsichtlich des Regelbetrages und damit auch der einmaligen Leistungen für die erste Altersstufe durchschnittlich 50 % (6 x 50 % : 6), die zweite Altersstufe 62,5 % ([1 x 50 % + 5 x 65 %] : 6) und für die dritte Altersstufe 81,67 % ([2 x 65 % + 4 x 90 %] : 6) des Regelsatzes eines Haushaltsvorstandes heranzuziehen.

Es erscheint im Hinblick auf § 1610 Abs. 2 BGB auch unter Berücksichtigung des Umstandes, daß die in den Existenzminimumsberichten ermittelten Werte notwendigerweise pauschaliert sind, im Regelfall kaum noch vorstellbar, von einem Kind, das z.B. unter Bezugnahme auf den aktuellen Existenzminimumsbericht der Bundesregierung Unterhalt in Höhe des auf seine Altersstufe umgerechneten Existenzminimums verlangt, tatsächlich eine weitere Darlegung dieses Bedarfs[84]) zu verlangen. Eine Rechtfertigung dafür, die Regelbeträge als Mindestbedarf anzusehen, ist jedenfalls mit der Aufhebung der §§ 1615 f, 1610 Abs. 3 BGB a.F. ersatzlos entfallen. Eine solche Rechtfertigung kann auch nicht aus der Anrechnungsregel des § 1612 b Abs. 5 BGB hergeleitet werden, nach der die Anrechnung des Kindergeldes erst dann eingeschränkt wird, wenn der geschuldete Unterhalt die Regelbeträge unterschreitet. Diese Regelung dürfte primär auf Gesichtspunkten der Verfahrensvereinfachung beruhen[85]).

Eingeschränkt wird der Anspruch auf bedarfsdeckenden Unterhalt allerdings nach wie vor durch § 1603 BGB, nach dem nicht unterhaltspflichtig ist, wer bei Berücksichtigung seiner sonstigen Verpflichtungen außerstande ist, den Unterhalt ohne Gefährdung seines angemessenen Unterhalts zu gewähren. Für Eltern bestimmt § 1603 Abs. 2 BGB, daß diese ihren minderjährigen - sowie den bis zu 21-jährigen in der allgemeinen Schulausbildung befindlichen[86] - unverheirateten Kindern gegenüber verpflichtet sind, grundsätzlich alle verfügbaren Mittel zu ihrem und der Kinder Unterhalt gleichmäßig zu verwenden. Der Anspruch auf bedarfsdeckenden Unterhalt des Kindes wird also kraft Gesetzes durch die Leistungsfähigkeit des Verpflichteten beschränkt. Der Unterhaltsverpflichtete wird nicht zur Erfüllung seiner Unterhaltspflichten auf die Inanspruchnahme von Sozialhilfe verwiesen.

---

[84]) Wohl aber seiner Bedürftigkeit gem. § 1602 BGB; vgl. *Staudinger/Kappe/Engler* § 1602 Rz. 179.
[85]) Vgl. Rz. 159 ff.
[86]) Vgl. Rz. 17 ff.

63 Die Aufhebung der den Bedarf betreffenden Sondervorschriften wirft Fragen im Zusammenhang mit dem **Tabellenunterhalt** auf. Bislang verwenden die von Mitgliedern der Obergerichte erstellten Unterhaltstabellen[87]) entsprechend § 1610 Abs. 3 BGB a.F. die Regelbedarfssätze als Ausgangsbeträge. Hieran soll sich nach dem Willen des Gesetzgebers durch das Kindesunterhaltsgesetz nichts ändern[88]). Bei besserem Einkommen der Verpflichteten wird stufenweise der Unterhaltsanspruch, aber auch der Bedarfskontrollbetrag als der dem Verpflichteten im Interesse einer ausgewogenen Einkommensverteilung zu belassende Betrag[89]) erhöht. Das auf die einzelnen Altersgruppen verteilte Existenzminimum der Kinder liegt wie bereits erwähnt[90]) bei 431, 510 und 631 DM[91]) und damit ungefähr im Bereich der Einkommensgruppe 4 der Düsseldorfer Tabelle. Diese erkennt für die Einkommensgruppe 4 einen Bedarfskontrollbetrag in Höhe von 1800 DM an, der damit dem angemessenen Selbstbehalt[92]) entspricht. Es stellt sich aber die Frage, ob nach Aufhebung der §§ 1610 Abs. 3 und 1615 f BGB a.F. für die Anerkennung hinter dem Existenzminimum zurückbleibender Unterhaltsbeträge nicht gemäß § 1603 Abs. 2 BGB auf den notwendigen Selbstbehalt[93]) in Höhe von 1300 bzw. 1500 DM abzustellen sein wird. Zu berücksichtigen wird dabei aber sein, daß das Kindesunterhaltsgesetz selbst mit dem neuen § 1612 b Abs. 5 BGB zeigt, daß dem Unterschreiten der Regelbeträge als den in der Vielzahl der Fälle tatsächlich geschuldeten Unterhaltsbeträgen eine weitergehende Qualität als dem Zurückbleiben hinter dem Existenzminimum zugemessen wird. Das Unterschreiten der Regelbeträge ist damit ein Mangelfall besonderer Art. Es erscheint durchaus denkbar, nur für diesen besonderen Mangelfall den engsten, notwendigen Selbstbehalt zugrunde zu legen und im übrigen Abstufungen vorzusehen.

64 Das Kindesunterhaltsgesetz wird also nicht ohne weiteres erfordern, den notwendigen Selbstbehalt bereits dann zugrunde zu legen, wenn der Verpflichtete nicht in der Lage ist, das Existenzminimum

---

[87]) Vgl. z.B. Düsseldorfer Tabelle, FamRZ 1995, 1323.
[88]) Bundestags-Drucksache 13/7338 S. 23.
[89]) Vgl. Anm. 6 zur Düsseldorfer Tabelle, FamRZ 1995, 1323.
[90]) Vgl. Rz. 60.
[91]) Ab 1999 bei 461, 544 und 670 DM.
[92]) Vgl. Rz. 18.
[93]) Vgl. Rz. 18.

des Kindes zu leisten. Ein Selbstbehalt in Höhe des angemessenen Selbstbehalts ist jedenfalls dann unproblematisch, wenn das Existenzminimum der Kinder durch den geschuldeten Unterhalt abgedeckt wird. Sobald der Unterhaltsanspruch das Existenzminimum überschreitet, ist der gesamte Lebensbedarf des Kindes gemäß § 1610 Abs. 2 BGB abgedeckt und der weitergehende Anspruch beruht auf der Teilhabe an der Lebensstellung des Verpflichteten gem. § 1610 Abs. 1 BGB[94]). Hier wirft es keine Probleme auf, wenn der anerkannte Bedarfskontrollbetrag auch den angemessenen Selbstbehalt übersteigt.

3. Die Dynamisierung des Unterhaltsanspruchs

Die Regelungen über die Dynamisierung des Unterhaltsanspruchs sind mit der Möglichkeit, den Unterhaltsanspruch unter gewissen Kautelen im vereinfachten Verfahren geltend zu machen[95]), das Kernstück des Kindesunterhaltsgesetzes. **65**

Für **minderjährige** Kinder, die mit dem unterhaltsverpflichteten Elternteil **nicht in einem Haushalt** leben, kommt aufgrund der Neuregelung zu der allen Unterhaltsberechtigten offenstehenden Möglichkeit, statischen Unterhalt zu verlangen, aufgrund des Kindesunterhaltsgesetzes die neue Alternative, dynamisierten Unterhalt zu begehren, hinzu. In beiden Alternativen - statisch oder dynamisiert - kann der Unterhaltsanspruch im vereinfachten Verfahren geltend gemacht werden, wenn er das Eineinhalbfache des für das Kind geltenden Regelbetrags nicht übersteigt. Der sich aufgrund der allgemeinen Vorschriften ergebende Unterhaltsanspruch ist als Ausgangswert für die Dynamisierung immer - regelmäßig unter Zugrundelegung der Unterhaltstabellen - zu ermitteln. **66**

a) Das Grundprinzip der Dynamisierung

Alle minderjährigen Kinder können von einem Elternteil, mit dem sie nicht in einem Haushalt leben, die Dynamisierung des Unterhaltsanspruchs verlangen. **67**

---

[94]) Vgl. dazu *Staudinger/Kappe/Engler* § 1610 Rz. 13 ff., 21.
[95]) Vgl. dazu Rz. 217 ff..

68 Sie können den Unterhalt als Vomhundertsatz eines oder des jeweiligen Regelbetrages nach der Regelbetrag-Verordnung verlangen. Die Dynamisierung des Unterhaltsanspruchs erfolgt technisch dadurch, daß zunächst der geschuldete Unterhalt als Vomhundertsatz eines oder des jeweiligen Regelbetrages berechnet wird. Mit der im Zweijahresrhythmus erfolgenden Dynamisierung ändert sich der Regelbetrag und damit dann automatisch der geschuldete Unterhalt. Grundlage für die Dynamisierung des Unterhalts ist also die Dynamisierung der Regelbeträge.

69 Wird von der Möglichkeit der Dynamisierung Gebrauch gemacht, entfällt die bisher gegebene Notwendigkeit, die Titel nach einer Anpassung der Regelbedarfssätze bzw. der Individualunterhaltsrenten an die Änderung der wirtschaftlichen Verhältnisse - die im Durchschnitt alle drei bis vier Jahre durch Änderungsverordnung erfolgte - unter Inanspruchnahme der Gerichte im Beschlußwege[96]) anpassen zu lassen. Dies liegt zum einen im Interesse der Beteiligten und dient zum anderen auch der Justizentlastung jedenfalls hinsichtlich solcher Änderungen der wirtschaftlichen Verhältnisse, die der allgemeinen Entwicklung entsprechen. Zwar ist nicht zu erwarten, daß die Höhe des Anspruchs während der gesamten Zeit der Minderjährigkeit des Kindes nicht auch durch andere Umstände als die Einkommensentwicklung beeinflußt wird. Eine erhebliche Entlastung wird aber bereits dadurch erreicht werden, daß jedenfalls wegen solcher Entwicklungen nur noch ein geringer (rein rechnerischer) Handlungsbedarf des Verordnungsgebers besteht und ein gerichtliches Anpassungsverfahren nicht betrieben werden muß.

70 Richtig ist allerdings der Hinweis, daß durch den Wegfall des bisherigen Anpassungssystems zugunsten der weitgehend vorbestimmten Dynamisierung ein gewisser Verlust an Flexibilität eintritt[97]). So beruhte z.B. die einheitliche Anpassung aller Regelbedarfssätze zum 1. Januar 1996 um 20 % auf der deutlichen Erhöhung des Kindergeldes zum gleichen Zeitpunkt[98]). Mit dieser Erhöhung der Regelbedarfssätze wurde erreicht, daß trotz grundsätzlich hälftig anzurechnendem Kindergeld[99]) die tatsächlich zu zahlenden Unterhaltsbeträge

---

[96]) § 642 b ZPO a.F. bzw. §§ 641 l ff. ZPO a.F.
[97]) *Wagner*, FamRZ 1997, 1513, 1518.
[98]) Vgl. Rz. 161.
[99]) Vgl. Rz. 130 ff.

in etwa konstant geblieben sind. Derartige Reaktionen auf Änderungen der unterhaltsrechtlich relevanten Rahmenbedingungen werden künftig einen Eingriff des Gesetzgebers notwendig machen.

Dies erscheint aber insbesondere deshalb nicht als Nachteil, weil die Regelbeträge anders als bei der seinerzeitigen Erhöhung nicht den Anspruch erheben, einen Mindestbedarf abzudecken (§§ 1615 f, 1610 Abs. 3 BGB a.f.F.[100])), sondern nur noch Bezugsgröße insbesondere für die Dynamisierung des geschuldeten Individualunterhalts sind[101]). Insoweit würden z.B. auf Kindergelderhöhungen beruhende Änderungen der Regelbeträge beim dynamisierten Unterhalt je nach geschuldetem Vomhundertsatz zu kaum zu rechtfertigenden unterschiedlich hohen Änderungen der Unterhaltsbeträge und damit vielfach zu einer Über- oder Unterkompensation der auszugleichenden Kindergelderhöhung führen. Auch darf nicht übersehen werden, daß das Kindergeld die Eltern wegen der von ihnen zu tragenden Unterhaltslasten grundsätzlich **hälftig** entlasten soll[102]). Die wirtschaftliche Kompensation der Kindergelderhöhung beim barunterhaltspflichtigen Elternteil war zwar seinerzeit gerechtfertigt, um dem Anspruch, mit dem Regelunterhalt bedarfsdeckenden Unterhalt zu gewährleisten, zumindest näherzukommen[103]). Nachdem die Regelbeträge aber nur noch Bezugsgrößenfunktion haben, werden entsprechende Änderungen kaum noch nötig sein und es erscheint jedenfalls gerechtfertigt, diese dann mit Gesetzesrang vorzunehmen.

71

b) Die Regelbeträge

Die Regelbeträge haben im Zusammenhang mit dem Unterhaltsanspruch des Kindes primär Bezugsgrößenfunktion. Sie sind der Anknüpfungspunkt für die Dynamisierung des Unterhaltsanspruchs (verfahrensrechtlich sind sie Bezugsgröße für die Zulässigkeit des vereinfachten Verfahrens zur Festsetzung von Unterhalt). Die Regelbeträge sind in der neuen Regelbetrag-Verordnung festgelegt und werden alle zwei Jahre der Nettolohnentwicklung angepaßt.

72

aa) Die Höhe der Regelbeträge

Die Regelbeträge entsprechen in ihrer Höhe den Regelbedarfssätzen des bisherigen Rechts, die erst zum 1. Januar 1996 um 20 % er-

73

---
[100]) Vgl. Rz. 59 ff.
[101]) Vgl. Rz. 90 ff.
[102]) Vgl. Rz. 130 ff.
[103]) Vgl. Rz. 59.

höht worden sind[104]). Sie werden in der Regelbetrag-Verordnung[105]) für die alten und - für eine Übergangszeit - die neuen Länder gesondert festgesetzt.

74 Die Regelbeträge sind in der Regelbetrag-Verordnung für die alten Länder festgesetzt auf monatlich **349 DM** bis zur Vollendung des sechsten Lebensjahres (erste Altersstufe), **424 DM** vom siebten bis zur Vollendung des zwölften Lebensjahres (zweite Altersstufe) und **502 DM** vom dreizehnten Lebensjahr an (dritte Altersstufe), § 1612 a Abs. 3 BGB i.V.m. § 1 Regelbetrag-Verordnung.

75 Gemäß § 1612 a Abs. 3 BGB i.V.m. § 2 der Regelbetrag-Verordnung gelten in den neuen Bundesländern und Ostberlin für eine Übergangszeit[106]) Regelbeträge in Höhe von monatlich **314 DM** bis zur Vollendung des sechsten Lebensjahres (erste Altersstufe), **380 DM** vom siebten bis zur Vollendung des zwölften Lebensjahres (zweite Altersstufe) und **451 DM** vom dreizehnten Lebensjahr an (dritte Altersstufe).

76 Der Regelbetrag und damit der dynamisierte Unterhaltsanspruch einer höheren Altersstufe ist ab dem **Beginn des Monats** maßgebend, in dem das Kind das betreffende Lebensjahr vollendet, § 1612 a Abs. 3 Satz 2 BGB. Dadurch werden Quotelungen des Unterhaltsanspruchs für Kinder, die nicht am Monatsersten Geburtstag haben, vermieden. Es müssen für den Geburtstagsmonat nicht anteilig zwei verschieden hohe Regelbeträge berücksichtigt werden.

Beispiel: Für ein am 17. Januar 1995 geborenes Kind ist bis zum 31. Dezember 2000 die Altersstufe eins, ab dem 1. Januar 2001 die Altersstufe zwei und ab dem 1. Januar 2007 die Altersstufe drei maßgeblich.

77 Die Zusammenfassung der Beträge für die alten und die neuen Bundesländer in der Regelbetrag-Verordnung dient der Übersichtlichkeit. Die im Regierungsentwurf vorgesehene Festsetzung der Beträge im Bürgerlichen Gesetzbuch[107]) hätte zudem den Nachteil ge-

---

[104]) Art. 2 und 3 der Fünften Verordnung über die Anpassung und Erhöhung von Unterhaltsrenten für Minderjährige vom 25. September 1995, BGBl. I S. 1190.
[105]) Art. 2 KindUG, Anhang B.
[106]) Artikel 5 KindUG, vgl. Rz. 83, 318 f und Anhang E.
[107]) Für die alten Länder; für die neuen Länder waren die Beträge in Art. 4 § 1 KindUG-E „versteckt".

habt, daß diese Beträge mit jeder Dynamisierung im Zweijahresrhythmus „falscher" geworden wären. Das Bürgerliche Gesetzbuch hätte schon nach dem 1. Juli 1999 als dem Zeitpunkt der ersten Dynamisierung nicht mehr den aktuellen Rechtsstand wiedergegeben[108])

Die Höhe der Regelbeträge bleibt - was zu vielfacher Kritik[109]) geführt hat - hinter dem Existenzminimum der Kinder in Höhe von 431, 510 und 631 DM[110]) für die einzelnen Altersstufen[111]) zurück. Dies erscheint aber insbesondere deshalb unbedenklich, weil die Regelbeträge - abgesehen von ihrer Funktion als Bezugsgröße im Zusammenhang mit der Anrechnung kindbezogener Leistungen im Mangelfall[112]) und für Leistungen nach dem Unterhaltsvorschußgesetz, § 2 UVG[113]) - nach der Aufhebung der §§ 1615 f, 1610 Abs. 3 BGB[114]) keine materiell-rechtliche Bedeutung mehr haben. Die Regelbeträge sind zwar so bemessen, daß sie das widerspiegeln, was in der Vielzahl der Fälle aufgrund der persönlichen Verhältnisse der Betroffenen tatsächlich an Unterhalt geschuldet wird[115]). Sie bieten sich somit als Ausgangspunkt für die Berechnung der Dynamisierung und als Bezugsgröße für den im Einzelfall tatsächlich geschuldeten Unterhalt an. Sie erheben aber nicht den Anspruch, bedarfsdeckend zu sein. Bedarfsdeckender und damit zumindest das Existenzminimum sichernder Unterhalt wird grundsätzlich aufgrund der §§ 1601 ff, insbesondere 1610 Abs. 2 BGB, ohnehin geschuldet[116]).

78

---

[108]) Beschlußempfehlung und Bericht des Rechtsausschusses, Bundestags-Drucksache 13/9596 S. 34.
[109]) Vgl. z.B. Stellungnahme Nr. 11 des Bundesrates in Bundestags-Drucksache 13/7338 S. 56; Verband alleinerziehender Mütter und Väter, DAVorm 1997, 352; vgl. auch Rz. 60.
[110]) Ab 1999: 461, 544 und 670 DM.
[111]) Vgl. Rz. 60.
[112]) Vgl. Rz. 154 ff.
[113]) Vgl. Rz. 305.
[114]) Vgl. Rz. 59 ff.
[115]) Bundestags-Drucksache 13/9596 S. 31; Bundestags-Drucksache 13/7338 S. 22.
[116]) Vgl. Rz. 60.

bb) Die Dynamisierung der Regelbeträge

79 Die Regelbeträge werden gemäß § 1612 a Absatz 4 BGB kraft Gesetzes alle zwei Jahre - erstmals zum 1. Juli 1999 - durch Rechtsverordnung des Bundesministeriums der Justiz entsprechend der Nettolohnentwicklung angepaßt.

80 Die Anknüpfung an die Nettolohnentwicklung erscheint systemgerecht, weil die Regelbeträge in erster Linie die Funktion einer Dynamisierungsgrundlage für die Anpassung des Unterhalts haben. Der Anspruch des Kindes auf angemessenen Unterhalt richtet sich maßgeblich auch nach dem Einkommen des Unterhaltspflichtigen[117]. Die Entwicklung des Einkommens der Unterhaltsverpflichteten dürfte im Regelfall wenigstens mittelfristig der Veränderung des Nettodurchschnittsentgelts insgesamt entsprechen.

81 § 1612 a Abs. 4 BGB ist eine reine Berechnungsvorschrift für das Bundesministerium der Justiz. Die im Zweijahresrhythmus vorzunehmende Anpassung der Regelbeträge erfolgt in dem Umfang, wie die Renten nach § 68 SGB VI im Jahr der Dynamisierung sowie im Jahr vor der Dynamisierung ohne Berücksichtigung der Veränderung der Belastung der Renten und der Veränderung der durchschnittlichen Lebenserwartung der 65jährigen anzupassen gewesen wären. Dabei soll auf die in § 68 Abs. 5 des SGB VI in der Fassung des Rentenreformgesetzes 1999 vorgesehene Rentenformel[118] mit der Maßgabe zurückgegriffen werden, daß die die Rentennettoquote und die durchschnittliche Lebenserwartung der 65jährigen berücksichtigenden Faktoren RQ und LEB außer acht gelassen werden[119].

82 Die in § 1612 a Abs. 3 BGB in der Fassung des Regierungsentwurfs vorgesehene automatische Anpassung der Regelbeträge durch Vervielfältigung mit den

---

[117] Vgl. BGH FamRZ 1996, 160, 161 sowie z.B. die Düsseldorfer Tabelle, FamRZ 1995 S. 1323. Eine Anknüpfung an die Lebenshaltungskostenentwicklung wäre deshalb verfehlt, hierfür aber z.B. Familienrechtsausschuß des Deutschen Anwaltvereins, FamRZ 1997, 276.
[118] BGBl. 1997 I S. 3002.
[119] Beschlußempfehlung und Bericht des Rechtsausschusses, Bundestags-Drucksache 13/9596 S. 33.

seinerzeit einschlägigen Anpassungsfaktoren nach § 95 Abs. 2 SGB VII[120]) mußte aufgegeben werden, weil mit dem Rentenreformgesetz 1999 die in § 68 Abs. 5 des SGB VI vorgesehenen Rentenformel neben der Nettolohnentwicklung die Veränderung der Belastung bei Renten und die Veränderung der durchschnittlichen Lebenserwartung berücksichtigt.

In den neuen Ländern gilt § 1612 a Abs. 4 BGB bis zu dem Zeitpunkt, in dem die dortigen Regelbeträge die für die alten Länder festgestellten Regelbeträge übersteigen würden, mit der Maßgabe, daß von den Anpassungssätzen nach § 255 a Abs. 2 des SGB VI ausgegangen wird. Ab diesem Zeitpunkt gelten dann die in § 1 der Regelbetrag-Verordnung festgesetzten Beträge im gesamten Bundesgebiet. Die Werte der zu berücksichtigenden Faktoren werden vom Bundesministerium für Arbeit und Sozialordnung errechnet und dem Bundesministerium der Justiz rechtzeitig mitgeteilt[121]).

83

Weil die Festsetzung der Anpassungsfaktoren eine eigene Berechnung durch das Bundesministerium der Justiz erfordert, hat dieses die neuen Regelbeträge jeweils im voraus durch Rechtsverordnung ohne Zustimmung des Bundesrates zu bestimmen. Trotzdem wird der Aufwand gegenüber dem bisherigen Anpassungsverfahren (Rechtsverordnung der Bundesregierung mit Zustimmung des Bundesrates) deutlich reduziert, weil Zeitpunkt und Umfang der vorzunehmenden Anpassung aufgrund Gesetzes feststehen.

84

Beispiel: Bei einer unterstellten Steigerung der Nettolöhne in 1997 und 1998 um insgesamt 3,5 % wären die Regelbeträge für die alten Länder zum 1. Juli 1999 von 349, 424 und 502 DM auf 362, 439 und 520 DM zu erhöhen, ohne daß ein Ermessensspielraum des Verordnungsgebers bestünde.

Der Zweijahresrhythmus wurde gewählt, um das mit jeder Veränderung des Unterhaltsanspruchs verbundene Konfliktpotential zwischen den unmittelbar Beteiligten sowie den Arbeitsaufwand für Gerichtsvollzieher und Arbeitgeber in Grenzen zu halten. Auch sollen die Regelbeträge als Basiswerte für die von einigen Oberlandesge-

85

---

[120]) Vgl. dazu *Greßmann/Rühl*, DAVorm 1997, 161, 166 f.; *Wagner*, FamRZ 1997, 1513, 1514 f.
[121]) Beschlußempfehlung und Bericht des Rechtsausschusses, Bundestags-Drucksache 13/9596 S. 34.

richten entwickelten Unterhaltstabellen dienen[122]), für die zur Ermittlung des zu dynamisierenden Unterhaltsanspruchs nach wie vor ein Bedürfnis besteht[123]). Dies hat zur Folge, daß die Tabellen den veränderten Ausgangswerten angepaßt werden müssen, was im Jahresabstand kaum hätte bewerkstelligt werden können[124]). Zwar werden die Regelbeträge auf diese Weise weiterhin mit einer zeitlichen Verzögerung, jedoch deutlich schneller als bislang die Regelbedarfssätze (durchschnittlich immer nur alle drei bis vier Jahre) angepaßt werden. Es ist damit zu rechnen, daß die alle zwei Jahre stattfindende Änderung der Regelbeträge und damit der dynamisierten Unterhaltsansprüche bei den Unterhaltsverpflichteten auf größere Akzeptanz stoßen wird als die bisherigen sprunghaften Änderungen um zweistellige Prozentsätze alle drei bis vier Jahre.

c) Dynamisierung des Unterhalts

86 § 1612 a Abs. 1 und 2 BGB regelt die Dynamisierung des Unterhaltsanspruchs eines minderjährigen Kindes gegenüber einem Elternteil, mit dem es nicht in einem Haushalt lebt. Das Kind hat aufgrund dieser Vorschrift die Möglichkeit, den Unterhalt als Vomhundertsatz eines oder des jeweiligen Regelbetrages nach der Regelbetrag-Verordnung zu verlangen.

87 Anspruch auf Dynamisierung des Unterhalts haben nur **minderjährige** Kinder, die mit dem barunterhaltspflichtigen Elternteil nicht in einem Haushalt leben. Aus einem Titel (vollstreckbare Urkunde[125]), Beschluß oder Urteil), in dem die Verpflichtung zur Leistung dynamisierten Unterhalts festgelegt ist, kann das Kind aber unter Umständen auch **nach Eintritt der Volljährigkeit** die Vollstreckung betreiben[126]).

88 Die Vorschrift gewährt dabei keinen eigenständigen Anspruch auf einen bestimmten Unterhalt. Sie bestimmt lediglich, daß der aufgrund der §§ 1601 ff. BGB zu beanspruchende - regelmäßig unter Zugrun-

---

[122]) Bundestags-Drucksache 13/7338 S.23.
[123]) Vgl. Rz. 88, 90.
[124]) Bundestags-Drucksache 13/7338 S. 24 f.
[125]) Zum Beispiel eine vom Jugendamt gem. § 59 Abs. 1 Nr. 3, § 60 SGB VIII beurkundete vollstreckbare Urkunde.
[126]) Vgl. Rz. 108, 277.

delegung der Unterhaltstabellen ermittelte - Unterhalt als Vomhundertsatz eines oder des jeweiligen Regelbetrages nach der Regelbetrag-Verordnung bestimmt werden kann. Dadurch wird ermöglicht, daß dieser sich aufgrund der allgemeinen Vorschriften ergebende Unterhaltsanspruch künftig an der Dynamisierung der Regelbeträge[127]) teilnimmt.

Für die Dynamisierung des Unterhaltsanspruchs sind zwei Berechnungen erforderlich. Zunächst ist der Unterhaltsanspruch, der sich aufgrund der allgemeinen Vorschriften ergibt, zum Zwecke der späteren Dynamisierung in den Vomhundertsatz eines oder des jeweiligen Regelbetrages nach der Regelbetrag-Verordnung umzurechnen. Nach der später stattfindenden Dynamisierung ist dann jeweils der geschuldete Unterhaltsbetrag neu zu berechnen. **89**

aa) Die Berechnung des Vomhundertsatzes

Die Berechnung des Ausgangsbetrages ist in § 1612 a Abs. 2 BGB geregelt. Zunächst ist der aufgrund der §§ 1601 ff BGB geschuldete Unterhalt zu ermitteln. **90**

> **Beispiel:** Das am 17. Januar 1995 geborene dreijährige Kind[128]) hat nach der einschlägigen oberlandesgerichtlichen Tabelle einen Unterhaltsanspruch in Höhe von monatlich 435 DM (z.B. Gruppe 4 der Düsseldorfer Tabelle) abzüglich gemäß §§ 1612 b, 1612 c BGB[129]) anzurechnender kindbezogener Leistungen[130]).

Dieser Unterhaltsanspruch ist als Vomhundertsatz eines oder des jeweiligen Regelbetrages zu bestimmen. Bei der Berechnung wird nur die **erste Dezimalstelle** berücksichtigt und das Ergebnis auf volle DM **aufgerundet**. **91**

Ob die Regelbeträge der alten oder der neuen Länder verwandt werden, wird sich nach den Verhältnissen des Barunterhaltspflichtigen richten[131]). Für die Höhe des Unterhaltsanspruchs ist dies zwar **92**

---

[127]) Vgl. Rz. 79 ff.
[128]) Vgl. Rz. 76.
[129]) Ähnlich Nr. 29 der Leitlinien zur Düsseldorfer Tabelle.
[130]) Vgl. dazu Rz. 118 ff.
[131]) Zum bisherigen Recht vgl. *Staudinger/Kappe/Engler* § 1610 Rz. 53; *Kalthoener/Büttner* Rz. 150.

zunächst unerheblich, nicht aber für die Dynamisierung. Hier erscheint es systemgerecht, wenn sich die Unterhaltslast des Verpflichteten so entwickelt wie die Nettolöhne seines wirtschaftlichen Umfeldes. Wichtig ist, daß aus einem Unterhaltstitel deutlich hervorgeht, ob auf die Regelbeträge für die alten Länder (§ 1 Regelbetrag-Verordnung) oder auf die für die neuen Länder (§ 2 Regelbetrag-Verordnung) abgestellt wurde.

> **Beispiel:** Bezogen auf den Regelbetrag der **ersten** Altersstufe **alte** Länder wäre im Beispielsfall[132] wie folgt zu rechnen: 435 (geschuldeter Unterhalt) : 349 (maßgeblicher Regelbetrag) x 100 = 124,64183. Da nur die erste Dezimalstelle berücksichtigt wird, errechnet sich ein Vomhundertsatz in Höhe von 124,6. (Gegenprobe: 349 x 124,6 % = 434,85 = aufgerundet 435 DM).
>
> Bezogen auf z.B. den Regelbetrag der **dritten** Altersstufe **neue** Länder ergäbe sich folgendes: 435 : 451 x 100 = 96,45232, berücksichtigt würde ein Vomhundertsatz in Höhe von 96,4. (Gegenprobe: 451 x 96,4 % = 434,76 = aufgerundet 435 DM).

93 Im Ergebnis wird sich die Abrundung des Vomhundertsatzes (durch Nichtberücksichtigung weiterer Dezimalstellen) und die Aufrundung des DM-Betrages regelmäßig ausgleichen.

bb) Die Alternativen der Dynamisierung

94 Ein minderjähriges Kind kann von einem Elternteil, mit dem es nicht in einem Haushalt lebt, nach § 1612 a Abs. 1 S. 1 BGB den Unterhalt als Vomhundertsatz **eines** oder **des jeweiligen** Regelbetrages nach der Regelbetrag-Verordnung verlangen. Es muß dies aber nicht. Es kann auch den ihm aufgrund der §§ 1601 ff. BGB zustehenden Individualunterhalt als **statischen** Unterhalt verlangen.

> **Beispiel:** Das Kind verlangt einen Unterhalt in Höhe von monatlich 435,- DM abzüglich anzurechnender kindbezogener Leistungen.

95 Eine Dynamisierung erfolgt dann allerdings nicht. Ist der statische Unterhalt durch ein Urteil tituliert, müssen Änderungsbegehren re-

---

[132] Vgl. Rz. 90.

gelmäßig mit der Abänderungsklage nach § 323 ZPO verfolgt werden, weil mit dem Kindesunterhaltsgesetz die Vorschriften der §§ 641 l ff. ZPO über das vereinfachte Verfahren zur Abänderung von Unterhaltstiteln aufgehoben wurden. Soweit allerdings die Festsetzung einer statischen Unterhaltsrente im vereinfachten Verfahren durch Beschluß erfolgte, kann das Kind Änderungsbegehren nicht nur in einem an das Festsetzungsverfahren anschließenden streitigen Verfahren (§ 651 ZPO), sondern auch im Wege einer Abänderungsklage verfolgen, die nach § 654 ZPO den Beschränkungen des § 323 ZPO nicht unterliegt[133]). Im Zuge solcher Abänderungsklagen nach §§ 323 oder 654 ZPO kann dann jeweils auch verlangt werden, daß der sich ergebende Betrag als Vomhundertsatz eines oder des jeweiligen Regelbetrages ausgewiesen wird[134]).

Macht das Kind von der Möglichkeit des § 1612 a BGB Gebrauch, so hat es ein Wahlrecht, ob es den ermittelten Unterhaltsbetrag als Vomhundertsatz **eines** oder **des jeweiligen** Regelbetrages (abzüglich anzurechnender kindbezogener Leistungen) verlangt. 96

Das Kind kann den Unterhalt einmal als Vomhundertsatz **eines** beliebigen **Regelbetrages** (abzüglich anzurechnender kindbezogener Leistungen) verlangen. 97

> **Beispiel:** Das Kind verlangt im Beispielsfall[135]), daß der monatliche Unterhalt in Höhe von 435,- DM als Vomhundertsatz des Regelbetrages z. B. der ersten Altersstufe (§ 1 Regelbetrag-Verordnung) abzüglich anzurechnender kindbezogener Leistungen gezahlt wird. Dies wäre nach den Berechnungsvorschriften des Absatz 2 wie dargestellt ein monatlicher Unterhalt in Höhe von 124,6 vom Hundert des Regelbetrages der ersten Altersstufe (§ 1 Regelbetrag-Verordnung) abzüglich anzurechnender kindbezogener Leistungen. 98

Das Kind hat aber auch die Möglichkeit, den Unterhalt als Vomhundertsatz **des jeweiligen Regelbetrages** (abzüglich anzurechnender kindbezogener Leistungen) zu verlangen.

---

[133]) Vgl. Rz. 267 ff.
[134]) Vgl. Bundestags-Drucksache 13/7338 S. 57 zu Nr. 2; Beschlußempfehlung und Bericht des Rechtsausschusses, Bundestags-Drucksache 13/9596 S. 33. Ein Bedürfnis für die vom Bundesrat geforderte zwingende Dynamisierung des Individualunterhalts, Bundestags-Drucksache 13/7338 S. 52 zu Nr. 2, besteht deshalb nicht.
[135]) Vgl. Rz. 90, 92.

Beispiel: Das Kind - das sich im Beispielsfall in der ersten Altersstufe befindet - kann verlangen, daß der monatliche Unterhalt in Höhe von z. B. 435,- DM als 124,6 vom Hundert des Regelbetrages der jeweiligen Altersstufe (§ 1 Regelbetrag-Verordnung) abzüglich anzurechnender kindbezogener Leistungen gezahlt wird.

99 Den beiden Möglichkeiten der Dynamisierung ist gemeinsam, daß sich der Unterhalt automatisch ändert, wenn die Regelbeträge im Zweijahresrhythmus dynamisiert werden. Der entscheidende Unterschied zwischen diesen Alternativen liegt darin, daß sich bei der zweiten Möglichkeit der Unterhalt auch dann ändert, wenn das Kind mit Vollendung des sechsten bzw. zwölften Lebensjahres die zweite bzw. die dritte Altersstufe erreicht. Durch das Wort „jeweiligen" ist zum Ausdruck gebracht, daß der Unterhalt bei dieser Variante auch für Zeiten festgelegt wird, in denen das Kind sich in einer höheren Altersgruppe befindet[136]) und dementsprechend einen höheren Bedarf hat. Geschuldet würde dann im Beispielsfall bei Erreichen des entsprechenden Alters ab dem Ersten des Geburtstagsmonats jeweils ein monatlicher Unterhalt in Höhe von 124,6 vom Hundert des Regelbetrages der zweiten bzw. der dritten Altersstufe abzüglich anzurechnender kindbezogener Leistungen.

100 Regelmäßig dürfte sich die Alternative empfehlen, den Unterhalt als Vomhundertsatz des jeweiligen Regelbetrages zu beanspruchen. Die andere Möglichkeit, den Unterhalt als Vomhundertsatz eines Regelbetrages mit der Wirkung zu verlangen, daß er lediglich der Nettolohnentwicklung, nicht aber dem mit steigendem Alter steigenden Bedarf des Kindes angepaßt wird, dürfte nur in Ausnahmefällen sinnvoll sein. Zu denken wäre an vergleichsweise Regelungen insbesondere unter Einbeziehung des Ehegattenunterhalts auf relativ hohem Niveau[137]).

101 Zu denken an die Anwendung dieser Variante könnte auch in Fällen sein, in denen aufgrund erheblich eingeschränkter Leistungsfähigkeit des Verpflichteten ein hinter den Regelbeträgen zurückbleibender Unterhalt geschuldet wird. In solchen Fällen erscheint es vorstellbar, daß sich zwar die wirtschaftlichen Verhältnisse des Ver-

---

[136]) Vgl. Bundestags-Drucksache 13/7338 S. 23.
[137]) In solchen Fällen kann es auch interessengerecht sein, auf die Dynamisierung vollständig zu verzichten, vgl. Bundestags-Drucksache 13/7338 S. 57; *Wagner*, FamRZ 1997, 1513, 1519.

pflichteten entsprechend der allgemeinen Einkommenssituation entwickeln, daß aber absehbar ist, daß der z.B. für die erste Altersstufe geschuldete Prozentsatz für die nächste Altersstufe nicht mehr geleistet werden kann.

Da aber in Fällen, in denen der geschuldete Unterhalt hinter dem Regelbetrag zurückbleibt, auch hinsichtlich der Anrechnung kindbezogener Leistungen Besonderheiten gelten[138]), sollte hier schon im Interesse des Kindes die Dynamisierung auf der Grundlage des jeweiligen Regelbetrages gewählt werden. Auch der Verpflichtete kann gegenüber einem solchen Dynamisierungsbegehren nicht einwenden, aufgrund seiner Leistungsfähigkeit stehe bereits fest, daß der aufgrund der Dynamisierung für die nächste Altersstufe geschuldete Unterhalt nicht geleistet werden könne. **102**

> **Beispiel:** Ein berufstätiger Barunterhaltspflichtiger schuldet seinem fünfjährigen Kind (1. Altersstufe) bei einem zu berücksichtigenden Einkommen von 1800 DM und einem anzuerkennenden Selbstbehalt von 1500 DM (z.B. Anm. 5 zur Düsseldorfer Tabelle[139]) monatlichen Unterhalt in Höhe von 300 DM. Dies sind unter Zugrundelegung der Sätze für die alten Bundesländer 85,9 (300 : 349 x 100 = 85,95988[140]) vom Hundert des Regelbetrages der ersten Altersstufe. Es ist bereits absehbar, daß 85,9 vom Hundert des Regelbetrages der zweiten Altersstufe (424 x 85,9 % =364,21 = aufgerundet 365 DM[141]) dann, wenn das Kind die zweite Altersstufe erreicht, nicht geschuldet werden.

Angesichts des uneingeschränkten Dynamisierungsanspruchs aus § 1612 a BGB kann mit dem Einwand eingeschränkter Leistungsfähigkeit zwar eine Reduzierung des geschuldeten Unterhalts, **nicht** aber ein Verzicht auf die Dynamisierung erreicht werden. **103**

Allerdings wird sowohl seitens des Kindes als auch seitens des Verpflichteten in den Fällen, in denen ein geringerer Unterhalt als 100 % des Regelbetrages geschuldet wird, bei jeder Dynamisierung und jeder Änderung der Altersstufe die Notwendigkeit einer Abänderung des Titels unter den Gesichtspunkten des notwendigen Selbstbehalts und der Anrechnung kindbezogener Leistungen[142]) zu prüfen sein. **104**

---

[138]) Vgl. unten 154 ff.
[139]) FamRZ 1995, 1323.
[140]) Zur Berechnung vgl. Rz. 91 ff.
[141]) Zur Berechnung vgl. Rz. 91 ff.
[142]) Vgl. Rz. 164 ff.

Die mit dem Kindesunterhaltsgesetz intendierten Erleichterungen werden also in diesem Bereich nur eingeschränkt wirksam werden[143]).

105 Es sprechen damit regelmäßig gute Gründe dafür, den Unterhalt für die Zukunft entsprechend dem fortschreitenden Alter des Kindes als Vomhundertsatz des **jeweiligen Regelbetrages** zu beantragen und veränderten Umständen außerhalb der allgemeinen Einkommensentwicklung im Wege der Abänderungsmöglichkeiten nach §§ 323 oder 654, 655[144]) ZPO Rechnung zu tragen. Dies empfiehlt sich insbesondere, weil eine Tenorierung (vollstreckbare Urkunde, Beschluß oder Urteil) mit Berücksichtigung der höheren Altersstufen nicht zu unverhältnismäßigem Mehraufwand führt.

106 Macht das Kind von der Möglichkeit Gebrauch, den Unterhalt als Vomhundertsatz des jeweiligen Regelbetrages zu verlangen, ist darauf zu achten, daß sich aus dem Titel (vollstreckbare Urkunde, Beschluß oder Urteil) zweifelsfrei ergibt, für welchen Zeitraum der Regelbetrag welcher Altersstufe nach welcher Vorschrift (§ 1 oder § 2 Regelbetrag-Verordnung) maßgeblich ist[145]).

> **Beispiel:** Das im Beispielsfall[146]) am 17. Januar 1995 geborene Kind hat Anspruch auf Unterhalt in Höhe von 124,6 vom Hundert des Regelbetrages der Altersstufe eins bis zum 31. Dezember 2000, der Altersstufe zwei ab dem 1. Januar 2001 und ab dem 1. Januar 2007 in Höhe von 124,6 vom Hundert des Regelbetrages der Altersstufe drei (jeweils gemäß § 1 Regelbetrag-Verordnung und abzüglich anzurechnender kindbezogener Leistungen).

107 Dabei kann der konkret zu zahlende Unterhalt nur bis zur nächsten Dynamisierung, im Beispielsfall also nur bis zum 30. Juni 1999, als DM-Betrag bestimmt werden. Danach muß er abstrakt umschrieben werden. Ein entsprechender Titel (z.B. eine vom Jugendamt gem. §§ 59 Abs. 1 Nr. 3, § 60 SGB VIII beurkundete vollstreckbare Urkunde) könnte wie folgt aussehen:

---

[143]) Dies bestätigt, daß es richtig ist, die Höhe der Regelbeträge so festzusetzen, daß sie dem entspricht, was in der Vielzahl der Fälle auch aufgrund der individuellen Verhältnisse der Verpflichteten geschuldet wird.
[144]) Vgl. Rz. 267 ff.
[145]) Vgl. Rz. 76, 92.
[146]) Vgl. Rz. 76, 90, 92, 98.

Beispiel: „Der Unterzeichner verpflichtet sich, dem Kind K zum ersten eines jeden Monats Unterhalt zu zahlen in Höhe von:

1. vom 1. Juli 1998 bis 30. Juni 1999 325 DM (435 DM abzüglich 110 DM anzurechnendes Kindergeld);

2. vom 1. Juli 1999 bis zum 31. Dezember 2000 124, 6 vom Hundert des jeweiligen Regelbetrages (§ 1 Regelbetrag-Verordnung) der Altersstufe eins abzüglich 110 DM anzurechnender Kindergeldanteil;

3. vom 1. Januar 2001 bis zum 31. Dezember 2006 124, 6 vom Hundert des jeweiligen Regelbetrages (§ 1 Regelbetrag-Verordnung) der Altersstufe zwei abzüglich 110 DM anzurechnender Kindergeldanteil;

4. vom 1. Januar 2007 an 124, 6 vom Hundert des jeweiligen Regelbetrages (§ Regelbetrag-Verordnung) der Altersstufe drei abzüglich 110 DM anzurechnender Kindergeldanteil."

108 Die im Beispiel zu Nr. 4 vorgeschlagene Tenorierung beruht darauf, daß die dritte Altersstufe zwar nach § 1612 a Abs. 3 BGB vom dreizehnten Lebensjahr an gilt, aber nicht z.B. auf die Vollendung des achtzehnten Lebensjahres befristet ist. § 1612 a Abs. 1 BGB verlangt zwar, daß das Kind den dynamisierten Unterhalt (auch) für die Zeit der Minderjährigkeit geltend macht. Der Wortlaut des § 1612 a Abs. 3 Satz 1 BGB - „...vom 13. Lebensjahr an ..." - erlaubt es aber, unbefristet zu tenorieren. Die Bundesregierung beabsichtigt deshalb, die für das vereinfachte Verfahren über den Unterhalt Minderjähriger (§§ 645 ff. ZPO) vorgesehenen Formulare so zu gestalten, daß das Kind entscheiden kann, ob es den dynamisierten Unterhalt nur für die Zeit der Minderjährigkeit oder über die Vollendung des 18. Lebensjahres hinaus begehrt[147]). Macht das minderjährige Kind - wie in dem obigen Beispielsfall - von der zweiten Möglichkeit Gebrauch, wird die Vollstreckung aus dem Titel über das 18. Lebensjahr des Kindes hinaus ermöglicht, sofern keine Abänderungsklage erhoben wird. Auf diese Weise ist das Kind nicht gezwungen, sich nach Vollendung des 18. Lebensjahres einen neuen Titel zu beschaffen.

cc) Dynamisierung des Unterhaltsbetrags

109 Die Dynamisierung des Unterhaltsbetrags wird - wenn das Kind von einer der Möglichkeiten des § 1612 a BGB Gebrauch gemacht hat

---

[147]) Bundestags-Drucksache 13/7338 S. 23.

- künftig beginnend mit dem 1. Juli 1999 alle zwei Jahre entsprechend der Dynamisierung der Regelbeträge erfolgen. Wegen der Verknüpfung mit dem Regelbetrag ändert sich der jeweils geschuldete Unterhaltsbetrag nach Ablauf zweier Jahre immer in dem Verhältnis, in dem sich der Regelbetrag ändert. Dies geschieht bei entsprechender Tenorierung automatisch, ohne daß Gerichte oder Behörden in Anspruch genommen werden müßten.

> **Beispiel:** Bei einer unterstellten Erhöhung der Regelbeträge in den alten Ländern um 3,5 % zum 1. Juli 1999 betrügen diese dann 362, 439 und 520 DM[148]). Aufgrund des Tenors im Beispielsfall würde dann vom 1. Juli 1999 bis zum 31. Dezember 2000 Unterhalt in Höhe von 452 DM (362 x 124,6 % = 451,05 = aufgerundet 452 DM) und vom 1. Januar 2001 bis zur nächsten Dynamisierung in Höhe von 547 DM (439 x 124,6 % = 546,99 = aufgerundet 547 DM) jeweils abzüglich anzurechnender Kindergeldanteil geschuldet.

110 Dabei kann sich je nach der Nettolohnentwicklung nicht nur eine Anpassung nach oben, sondern theoretisch auch nach unten ergeben[149]).

111 Die Höhe des geschuldeten Unterhalts als Prozentsatz eines oder des jeweiligen Regelbetrages ist für alle Beteiligten einschließlich der Vollstreckungsorgane zuverlässig und mit geringem Aufwand zu errechnen. Insbesondere werden die neuen Regelbeträge jeweils rechtzeitig von dem Bundesministerium der Justiz durch Änderung der Regelbetrag-Verordnung bestimmt. Darüber hinaus beabsichtigt das Bundesministerium der Justiz, durch Presseerklärungen auf eine rechtzeitige Publizierung der Regelbeträge durch die Medien hinzuwirken[150]). Folglich kann ein Pfändungs- und Überweisungsbeschluß auch insoweit ergehen, als der Titel (vollstreckbare Urkunde, Beschluß oder Urteil) in seinem Tenor den Unterhalt als Prozentsatz des im Zeitpunkt der Tenorierung noch nicht bekannten Regelbetrages einer bestimmten Altersgruppe ausweist. Die Formulare für Pfändungs- und Überweisungsbeschlüsse, die bereits die Pfändungsgren-

---

[148]) Vgl. Rz. 84.

[149]) Eine Orientierung an den Lebenshaltungskosten würde bei steigenden Lebenshaltungskosten und sinkenden Nettoeinkommen regelmäßig zu Abänderungsklagen und nicht zu höheren Unterhaltsbeträgen führen, dies übersieht die Kritik z.B. des Familienrechtsausschusses des Deutschen Anwaltvereins, FamRZ 1997, 276.

[150]) Bundestags-Drucksache 13/7338 S. 23.

zen für Arbeitseinkommen erläutern, sollen um Hinweise zur Ermittlung der Regelbeträge anhand des Bundesgesetzblatts angereichert werden[151]).

d) Dynamisierter Unterhalt und Tabellenunterhalt

Der materiell-rechtliche Unterhaltsanspruch eines Kindes wird durch die Dynamisierung zwar in seiner Entwicklung, nicht jedoch hinsichtlich des Ausgangsbetrages beeinflußt. Die Ermittlung des zu dynamisierenden Ausgangsbetrages erfolgt vielmehr aufgrund der auch bisher schon geltenden allgemeinen Vorschriften insbesondere der § 1610 BGB (Bedarf) und § 1603 BGB (Leistungsfähigkeit). Dabei wird überwiegend auf die von Mitgliedern der Familiensenate einzelner Oberlandesgerichte erstellten Tabellen zurückgegriffen[152]). Es stellt sich damit die Frage nach Wechselwirkungen zwischen dem dynamisierten und dem Tabellenunterhalt[153]).

112

Dieser Zusammenhang ist vom Gesetzgeber durchaus gesehen worden. So wurde der Dynamisierungsrhythmus von zwei Jahren anstelle der im Referentenentwurf noch vorgesehenen jährlichen Dynamisierung u.a. auch deshalb gewählt, um zeitlich eine Anpassung der Tabellen zu ermöglichen[154]). Auch wird vom Gesetzgeber erwartet, daß die Regelbeträge nach wie vor als Basiswerte für die Unterhaltstabellen dienen[155]).

113

Hilfreich wäre es sicherlich, wenn in den Unterhaltstabellen die Dynamisierung der Regelbeträge dadurch nachvollzogen würde, daß sämtliche **Unterhaltsbeträge** entsprechend dem Anpassungsfaktor geändert würden. Nur so kann verhindert werden, daß Kinder trotz gleicher wirtschaftlicher Verhältnisse des Verpflichteten nur deshalb unterschiedlich hohen Unterhalt erhalten, weil dieser zu verschiedenen Zeiten festgesetzt wurde. Dazu müßte allerdings die bisherige Praxis, Anpassungen aufgrund des § 1612 a BGB a.F. nicht voll bei

114

---

[151]) Vgl. Bundestags-Drucksache 13/7338 S. 27.
[152]) Vgl. Rz. 63.
[153]) Vgl. hierzu *Kleinle*, DAVorm 1996, 813, 820 ff.
[154]) Vgl. Bundestags-Drucksache 13/7338 S. 24 f.
[155]) Bundestags-Drucksache 13/7338 S. 23.

den Unterhaltsbeträgen in den höheren Einkommensstufen zu berücksichtigen[156]), aufgegeben werden.

Beispiel: Bei der unterstellten Erhöhung der Regelbeträge in den alten Ländern um 3,5 % zum 1. Juli 1999 betrügen diese 362, 439 und 520 DM. Im Beispielsfall[157]) hätte das Kind dann vom 1. Juli 1999 bis zum 31. Dezember 2000 einen Anspruch auf Unterhalt in Höhe von 452 DM[158]) abzüglich anzurechnender kindbezogener Leistungen. Einem gleichaltrigen Kind würde bei gleichen wirtschaftlichen Verhältnissen des Verpflichteten aber bei einer Erstfestsetzung nur Unterhalt in Höhe von monatlich 435 DM (z.B. Gruppe 4 der Düsseldorfer Tabelle) abzüglich anzurechnender kindbezogener Leistungen geschuldet, wenn die Tabellensätze nicht zumindest vergleichbar angepaßt würden.

115 Das gleiche Problem stellt sich auch, wenn für Geschwister teils statischer und teils dynamisierter Unterhalt beansprucht wird[159]), wobei dieser Fall wohl eher akademischer Natur sein dürfte[160]).

116 Über die Anpassung der Sätze hinausgehend erschiene es zur Vermeidung unbilliger Ergebnisse vorteilhaft, wenn nicht nur die Unterhaltsbeträge, sondern auch die **Einkommensgrenzen** der Tabellen entsprechend der jeweiligen Dynamisierung angepaßt würden. Andernfalls könnte im konkreten Fall dieselbe im Rahmen der allgemeinen Nettolohnentwicklung liegende Einkommenssteigerung des Verpflichteten dazu führen, daß dieser in die nächsthöhere Einkommensgruppe geriete und den - entsprechend der Dynamisierung angepaßten! - Betrag für diese Einkommensgruppe leisten müßte[161]).

---

[156]) Diese Praxis kann aber abweichend von der Auffassung des Familienrechtsausschusses des Deutsche Anwaltvereins, FamRZ 1997, 276, nicht als Argument gegen die Dynamisierung als solche betrachtet werden, weil die Anpassung auch hoher titulierter Unterhaltsansprüche schon bislang aufgrund des § 1612 a Abs. 3 BGB a.F. vorgesehen war.

[157]) Vgl. Rz. 107.

[158]) Vgl. Rz. 109.

[159]) Beispiel bei *Wohlgemuth*, FamRZ 1997, 471, 473.

[160]) Vgl. dazu auch *Wagner*, FamRZ 1997, 1513, 1519.

[161]) Vgl. auch *Kleinle*, DAVorm 1996, 813, 821 f.

Beispiel: Wenn der Verpflichtete im Ausgangsfall mit seinem Einkommen im Bereich der oberen Grenze für die Gruppe 4 der Düsseldorfer Tabelle liegt, könnte er aufgrund der 3,5 prozentigen Einkommenssteigerung nach Gruppe 5 zu veranschlagen sein. Er hätte dann bei einer Neufestsetzung anstelle (angepaßter) 451 DM (angepaßte) 492 DM zu zahlen. Dieselbe durchaus im Rahmen des Normalen liegende Einkommenssteigerung würde sich zu seinem Nachteil also doppelt auswirken.

Schließlich dürfte zu erwägen sein, auch die anerkannten **Selbstbehalte** bzw. **Bedarfskontrollbeträge** entsprechend der jeweiligen Dynamisierung zu erhöhen[162]). 117

4. Anrechnung kindbezogener Leistungen

Auf den Barunterhaltsanspruch eines Kindes, sind unabhängig davon, ob er dynamisiert oder statisch verlangt wird, bestimmte kindbezogene Leistungen anzurechnen. Dies kann zu einer Reduzierung oder einer Erhöhung des zu zahlenden Unterhalts führen. Die Problematik stellt sich insbesondere dann, wenn das Kind mit dem barunterhaltspflichtigen Elternteil nicht in einem Haushalt lebt[163]) und wird deshalb in diesem Zusammenhang dargestellt. 118

Die Anrechnung kindbezogener Leistungen ist in den §§ 1612 b und 1612 c BGB geregelt. Dabei werden im wesentlichen die einkommensteuerlichen Regelungen nachvollzogen. 119

Die bisherigen äußerst komplizierten und kaum überschaubaren Regelungen über die Anrechnung kindbezogener Leistungen[164]) werden deutlich vereinfacht. Angerechnet werden nur noch das Kindergeld (§ 1612 b BGB) sowie sonstige kindbezogene Leistungen, die das Kindergeld ersetzen (§ 1612 c BGB). Im übrigen soll die Anrechnung von kindbezogenen Leistungen unterbleiben. 120

---

[162]) Vgl. Rz. 169 f. sowie *Kleinle*, DAVorm 1996, 813, 822 f.
[163]) Sie kann aber auch bei volljährigen Kindern eingreifen, die im Haushalt der barunterhaltspflichtigen Eltern oder eines barunterhaltspflichtigen Elternteils leben.
[164]) Vgl. dazu *Staudinger/Kappe/Engler* § 1606 Rz. 28 ff.

a) Anrechnung von Kindergeld, 1612 b BGB

121 Die Vorschriften über die Anrechnung von Kindergeld beruhen auf der Funktion des Kindergeldes als - teilweiser - Steuererstattung sowie darauf, daß bei Getrenntleben der Eltern zwar beiden Elternteilen ein hälftiger Kinderfreibetrag und beiden Elternteilen grundsätzlich das Kindergeld zusteht, das Kindergeld aber nur einem Elternteil ausgezahlt wird. Hier ist unter den Eltern ein Ausgleich zu schaffen. Dies geschieht durch die Regelungen des § 1612 b BGB. Der Ausgleich ist auch erforderlich, weil das Kindergeld - außer in Mangelfällen[165]) - nicht als unterhaltsrechtlich relevantes Einkommen berücksichtigt wird. Es soll den Eltern die Unterhaltslast erleichtern und nicht den Bedarf des Kindes erhöhen[166]).

122 § 1612 b BGB sieht als Grundsatz vor, daß das auf das Kind entfallende Kindergeld zur Hälfte anzurechnen ist, wenn an den barunterhaltspflichtigen Elternteil Kindergeld deshalb nicht ausgezahlt wird, weil ein anderer vorrangig berechtigt ist (Absatz 1[167])). Die Absätze 2 bis 5 regeln Sonderfälle. Wenn beide Elternteile zum Barunterhalt verpflichtet sind, erhöht sich der Unterhaltsanspruch gegen den das Kindergeld beziehenden Elternteil um die Hälfte des auf das Kind entfallenden Kindergeldes (Absatz 2[168])). Wenn nur der barunterhaltspflichtige Elternteil Anspruch auf Kindergeld hat, es aber nicht an ihn ausgezahlt wird, erfolgt eine Anrechnung in voller Höhe (Absatz 3[169])). Für den Fall, daß das Kindergeld wegen Berücksichtigung eines nicht gemeinschaftlichen Kindes erhöht ist, ist das Kindergeld im Umfang der Erhöhung nicht anzurechnen (Absatz 4[170])). Wenn der Unterhaltspflichtige außerstande ist, Unterhalt in Höhe des Regelbetrages zu leisten, unterbleibt im Umfang der Differenz eine Anrechnung des Kindergeldes (Absatz 5[171])).

---

[165]) Vgl. Rz. 156.
[166]) Vgl. BGH FamRZ 1997, 806, 809.
[167]) Vgl. Rz. 130 ff.
[168]) Vgl. Rz. 142 ff.
[169]) Vgl. Rz. 146 ff.
[170]) Vgl. Rz. 151 ff.
[171]) Vgl. Rz. 154 ff.

Die Regelungen des § 1612 b BGB orientieren sich an den steuerrechtlichen Vorgaben, die in ihren Grundzügen[172]) nachfolgend dargestellt werden.   **123**

aa) Einkommensteuerrechtliche Ausgangslage

Das Kindergeld beträgt gemäß § 66 Abs. 1 EStG[173]) für das erste und zweite Kind jeweils 220,- DM, für das dritte Kind 300,- DM und für das vierte sowie jedes weitere Kind jeweils 350,- DM monatlich.   **124**

Es dient nach der Neuregelung des Familienleistungsausgleichs[174]) gemäß § 31 Satz 1 EStG primär der verfassungsrechtlich gebotenen[175]) steuerlichen Freistellung eines Einkommensbetrages in Höhe des Existenzminimums eines Kindes. Aufgrund der genannten verfassungsrechtlichen Vorgaben muß bei Vorliegen gesetzlicher Unterhaltsverpflichtungen gegenüber Kindern zur Sicherstellung der Besteuerung nach der Leistungsfähigkeit ein Einkommensbetrag in Höhe des Existenzminimums eines Kindes von der Steuer freigestellt werden. Diese steuerliche Freistellung wird durch den Kinderfreibetrag nach § 32 EStG[176]) oder das Kindergeld bewirkt[177]). Im laufenden Kalenderjahr wird das Kindergeld als Steuervergütung monatlich gezahlt. Soweit das Kindergeld zur Steuerfreistellung eines Einkommensbetrages in Höhe des Existenzminimums des Kindes nicht erforderlich ist, dient es der Förderung der Familie. Wird die gebotene steuerliche Freistellung durch das Kindergeld nicht in vollem Umfang bewirkt, ist bei der Veranlagung zur Einkommensteuer der Kinderfreibetrag abzuziehen und das Kindergeld zu verrechnen, auch soweit es dem Steuerpflichtigen im Wege eines zivilrechtlichen Ausgleichs zusteht[178]).   **125**

---

[172]) Eingehender z.B. *Felix*, ZBR 1996, 101, *Ebling/Heuermann* Rz. 1 ff.
[173]) Für Fälle vorrangiger kindbezogener Leistungen aus der gesetzlichen Unfall- oder Rentenversicherung vgl. § 65 EStG und Rz. 173.
[174]) Durch das Jahressteuergesetz 1996 vom 11. Oktober 1995, BGBl. I S. 1250, mit Ergänzung vom 18. Dezember 1995, BGBl. I S. 1959.
[175]) BVerfGE 87, 153 = FamRZ 1993, 285.
[176]) In Höhe von 576 DM monatlich, also mehr als das Existenzminimum sowohl für 1996 als auch für 1999, vgl. Rz. 60.
[177]) Vgl. ausführlich *Ebling/Heuermann* Rz. 21 ff.
[178]) *Ebling/Heuermann* Rz. 24 ff.

Kindergeld nach dem Bundeskindergeldgesetz wird nur noch solchen Eltern gewährt, die in der Bundesrepublik nicht unbeschränkt steuerpflichtig sind oder als unbeschränkt steuerpflichtig behandelt werden[179]). Die Höhe des Kindergeldes entspricht der Höhe des Kindergeldes nach dem Einkommensteuergesetz, § 6 BKGG.

126 **Anspruch auf Kindergeld** nach dem Einkommensteuergesetz haben grundsätzlich die Eltern (§ 63 Abs. 1 Nr. 1 EStG). Dieser Normalfall wird der folgenden Darstellung zugrunde gelegt. Anspruchsberechtigt können aber auch diejenigen sein, die Kinder ihrer Ehegatten in ihren Haushalt aufgenommen haben (§ 63 Abs. 1 Nr. 2 EStG) oder Großeltern, die ihre Enkel in ihren Haushalt aufgenommen haben (§ 63 Abs. 1 Nr. 2 EStG).

127 **Gezahlt** wird das Kindergeld aus Gründen der Verwaltungsvereinfachung aber immer nur an einen Berechtigten (§ 64 Abs. 1 EStG)[180]). Bei mehreren Berechtigten wird das Kindergeld nach dem Obhutsprinzip demjenigen gezahlt, der das Kind in seinen Haushalt aufgenommen hat (§ 64 Abs. 2 Satz 1 EStG). Ist das Kind in den gemeinsamen Haushalt von Eltern (oder einem Elternteil und dessen Ehegatten, Pflegeeltern oder Großeltern) aufgenommen worden, so bestimmen diese untereinander den Berechtigten (§ 64 Abs. 2 Satz 2 EStG). Ist das Kind nicht in den Haushalt eines Berechtigten aufgenommen, so erhält das Kindergeld derjenige, der dem Kind eine Unterhaltsrente bzw. derjenige, der dem Kind die höhere Unterhaltsrente zahlt (§ 64 Abs. 3 Satz 1 und 2 EStG).

128 Bei **Getrenntleben der Eltern** ergibt sich also regelmäßig die Situation, daß ein grundsätzlich kindergeldberechtigter Elternteil das Kindergeld deshalb nicht ausgezahlt erhält, weil der andere Elternteil[181]) wegen der Aufnahme des Kindes in seinen Haushalt oder wegen der Leistung eines höheren Unterhaltsbetrags vorrangig berechtigt ist. Bei Barunterhaltsleistungen beider Elternteile erhält derjenige, der den - wenn auch nur geringfügig - höheren Unterhalt leistet, das gesamte Kindergeld ausgezahlt.

129 Das Einkommensteuergesetz sieht insoweit keine Ausgleichsansprüche der Eltern vor. Vielmehr wird in § 31 Satz 5 2. Halbsatz EStG

---
[179]) Vgl. dazu *Ebling/Heuermann* Rz. 30 ff.
[180]) Zur Rangfolge vgl. ausführlich *Ebling/Heuermann* Rz. 118 ff.
[181]) Oder dessen Ehegatte oder gegebenenfalls Großeltern des Kindes.

ganz allgemein auf einen zivilrechtlichen Ausgleich verwiesen. Ein entsprechender zivilrechtlicher Ausgleichsanspruch ist in Rechtsprechung und Schrifttum allgemein anerkannt[182]). Er wird durch § 1612 b BGB sowohl hinsichtlich seiner Höhe als auch hinsichtlich der Art der Erfüllung in Anlehnung an den bislang nur für nichteheliche Kinder geltenden § 1615 g BGB a.f. ausdrücklich gesetzlich normiert.

bb) Halbteilungsgrundsatz, § 1612 b Abs. 1 BGB

§ 1612 b Abs. 1 BGB stellt sicher, daß der hinsichtlich des Kindergeldes anspruchsberechtigte Elternteil, der das Kindergeld nicht erhält, grundsätzlich durch entsprechende Anrechnung auf den Unterhaltsanspruch des Kindes hälftig am Kindergeld partizipiert. **130**

Beispiel: Das Kind[183]) lebt bei der Mutter, die ihre Unterhaltspflicht durch Pflege und Erziehung des Kindes erfüllt. Die Mutter erhält das Kindergeld in Höhe von 220 DM ausgezahlt. Der Vater ist aufgrund seiner Einkommensverhältnisse zur Zahlung von Unterhalt in Höhe von monatlich 435 DM verpflichtet. Diese Unterhaltszahlung kann er um die eigentlich ihm zustehende Hälfte des Kindergeldes kürzen, er zahlt nur 325 DM. Mit diesen 325 DM und den bereits bei der Mutter befindlichen 110 DM ist der geschuldete Unterhalt in Höhe von 435 DM abgedeckt.

Voraussetzung für die hälftige Anrechnung ist, daß der barunterhaltspflichtige Elternteil hinsichtlich des Kindergeldes zum Kreis der Anspruchsberechtigten gehört **und** daß er das Kindergeld deshalb nicht ausgezahlt erhält, weil ein anderer vorrangig berechtigt ist. **131**

Dies ist gegeben, wenn das Kindergeld **132**

- entweder bei Getrenntleben der Eltern nach dem Obhutsprinzip dem anderen ebenfalls kindergeldberechtigten Elternteil[184]), der das Kind in seinen Haushalt[185]) aufgenommen hat, ausgezahlt wird oder

---

[182]) *Staudinger/Kappe/Engler* § 1606 Rz. 30; BGH FamRZ 1978, 177.
[183]) Vgl. Rz. 106 f.
[184]) Gegebenenfalls dessen Ehegatten oder den Großeltern des Kindes, vgl. Rz. 127.
[185]) Zur Aufnahme in den Haushalt vgl. *Ebling/Heuermann* Rz. 73 ff.

- bei Baruntersthaltspflicht beider Elternteile dem anderen ebenfalls kindergeldberechtigten Elternteil ausgezahlt wird, weil dieser einen höheren Unterhaltsbetrag leistet[186]).

In den genannten Fällen erhält der bzw. ein baruntersthaltspflichtiger Elternteil trotz Leistung des Baruntersthalts und damit trotz Erfüllung seiner Unterhaltspflicht keinen Kindergeldanteil.

133 § 1612 b Abs. 1 BGB 1 normiert für diese Fälle in Anlehnung an das bisherige für nichteheliche Kinder geltende Recht (§ 1615 g Abs. 1 S. 1 u. 2 BGB a.F.) und die bisherige Rechtsprechung für eheliche Kinder[187]) den sogenannten **Halbteilungsgrundsatz**. Die Vorschrift sorgt im Ergebnis dafür, daß beide Elternteile in gleichem Maße an dem Kindergeld teilhaben. Der entsprechende familienrechtliche Ausgleichsanspruch ist danach in der Höhe grundsätzlich auf die hälftige Teilhabe am Kindergeld gerichtet.

134 Diese hälftige Teilung des Kindergeldes beruht im Verhältnis zwischen dem betreuenden und dem Baruntersthalt leistenden Elternteil zunächst auf der von § 1606 Abs. 3 Satz 2 BGB anerkannten grundsätzlichen Gleichwertigkeit von Bar- und Betreuungsunterhalt[188]). Im übrigen wird dadurch die Verteilung des Kinderfreibetrages in § 32 Abs. 6 EStG nachvollzogen, nach dem beiden Elternteilen der hälftige Kinderfreibetrag (288 DM) zusteht. Deshalb, weil hinsichtlich des Kindergeldes nach dem EStG beide Elternteile anspruchsberechtigt sind und wegen der Funktion des Kindergeldes als primär verfassungsrechtlich gebotener Steuererstattung muß gemäß dem Gleichheitssatz des Art. 3 GG auch der Elternteil, der mit der Leistung des Baruntersthalts seiner Unterhaltspflicht nachkommt, grundsätzlich einen Anspruch auf Teilhabe an dem Kindergeld haben. Das Bundesverfassungsgericht hat - zum alten Kindergeldrecht - anerkannt, daß es mit dem Zweck der Kindergeldgewährung unvereinbar wäre, wenn sie sich nicht auf die Unterhaltszahlungen des anderen Elternteils auswirken würde, obwohl das Kindergeld zum Ausgleich auch der finanziellen Unterhaltslast beitragen soll[189]). Hieran hat sich aufgrund der Konstruktion des Kindergeldes als - primär - Steuererstattung durch die Neuordnung des Familienleistungsausgleichs im

---

[186]) Vgl. dazu *Ebling/Heuermann* Rz. 151 ff.
[187]) *Staudinger/Kappe/Engler* § 1606 Rz. 30.
[188]) *Staudinger/Kappe/Engler* § 1606 Rz. 30, vgl. auch Rz. 16.
[189]) BVerfGE 45, 104, 132.

Grundsatz nichts geändert. Entsprechendes gilt, wenn die Anspruchsberechtigung nicht zwischen beiden Elternteilen besteht, sondern zwischen einem Elternteil und einer anderen anspruchsberechtigten Person[190].

Die **Durchführung der Halbteilung** wird der Einfachheit halber in Anlehnung an § 1615 g Abs. 1 S. 1 BGB a.F. und die Rechtsprechung zum Individualunterhalt[191] dergestalt geregelt, daß der barunterhaltspflichtige Elternteil den ihm zustehenden hälftigen Anteil am Kindergeld auf die von ihm zu erbringenden Unterhaltsleistungen anrechnen darf. Im wirtschaftlichen Ergebnis werden die Eltern durch die Anrechnung nicht anders gestellt, als wenn jedem Elternteil von Anfang an das ihm grundsätzlich zustehende hälftige Kindergeld auch ausgezahlt würde[192].

135

Der Anrechnung des Kindergeldes auf den Unterhaltsanspruch des Kindes liegen folgende Forderungen zugrunde: Eine Forderung ist der Unterhaltsanspruch des Kindes gegen den Barunterhaltspflichtigen, die andere Forderung der familienrechtliche Ausgleichsanspruch des barunterhaltspflichtigen gegen den betreuenden Elternteil. Diese konnten bislang ohne weiteres auch losgelöst voneinander so erfüllt werden[193], daß der Barunterhaltspflichtige den Unterhalt für das Kind an den Betreuenden und der Betreuende den Kindergeldausgleich an den Barunterhaltspflichtigen zahlt. Die gesetzliche Regelung sieht nunmehr entsprechend der bisherigen Praxis[194] - als eine Art Aufrechnung bei fehlender Gegenseitigkeit - die Anrechnung des Anspruchs des Barunterhaltspflichtigen gegenüber dem betreuenden Elternteil auf den Unterhaltsanspruch des Kindes gegen den Barunterhaltspflichtigen vor. Allerdings dürfte die gesetz-

136

---

[190] Beispielsweise dem Ehegatten des anderen Elternteils, Pflege- oder Großeltern, vgl. § 64 Abs. 2 Satz 1 i. V. m. § 63 Abs. 1 EStG, vgl. Bundestags-Drucksache 13/7338, S. 27.
[191] BGH FamRZ 1997, 806, 809; *Staudinger/Kappe/Engler* § 1606 Rz. 31.
[192] *Nolte*, FuR 1996, 81, 86; eine solche Auszahlung erfolgt u.a. deshalb nicht, um sicherzustellen, daß das Kindergeld zunächst einmal bei dem betreuenden Elternteil, der die Hauptlast des Unterhalts zu tragen habe, verfügbar ist; vgl. Bericht des Finanzausschusses des Deutschen Bundestages, Bundestags-Drucksache 13/1558 S. 165 zu § 3 Abs. 2 BKGG.
[193] BGH FamRZ 1997, 806, 809; *Staudinger/Kappe/Engler* § 1606 Rz. 31; *Kalthoener/Büttner* Rz. 833.
[194] *Kalthoener/Büttner* Rz. 831.

liche Regelung nicht zwingend sein. Abweichende Vereinbarungen über die Gestaltung des familienrechtlichen Ausgleichsanspruchs dürften nach wie vor möglich sein, weil schutzwürdige Interessen der Betroffenen nicht entgegenstehen.

137 Ob die Anrechnung dazu führt, daß der Unterhaltsanspruch - teilweise - durch die Anrechnung erfüllt wird oder - weil nach der Lebenswirklichkeit unterstellt wird, daß der hälftige Kindergeldanteil zum Unterhalt des Kindes verwandt wird[195] - insoweit wegen Bedarfsdeckung erlischt[196]), kann letztlich dahingestellt bleiben. Da die Anrechnung aber unabhängig von der konkreten Mittelverwendung sowie auch in Fällen, in denen das Existenzminimum des Kindes nicht gedeckt ist[197]), und schließlich sogar dann vorgesehen wird, wenn bei Barunterhaltspflicht beider Elternteile der Kindergeldempfänger das Kind nicht betreut, dürfte eher davon auszugehen sein, daß der Unterhaltsanspruch des Kindes in Höhe der Anrechnung als erfüllt angesehen wird. Dafür spricht auch, daß die Kürzung der Unterhaltszahlung bei der steuerrechtlichen Prüfung der Frage, ob das Kindergeld ausreicht, die verfassungsrechtlich gebotene Steuerfreistellung zu bewirken, gem. § 31 S. 5 2. Halbsatz EStG als dem Steuerpflichtigen aufgrund des zivilrechtlichen Ausgleichs **zustehendes**[198]) Kindergeld berücksichtigt und ggf. mit dem Kinderfreibetrag verrechnet wird.

138 Entscheidend ist, daß einerseits der zu zahlende Betrag gekürzt wird und andererseits die Summe aus zu zahlendem Unterhalt und angerechnetem Kindergeld den Unterhaltsanspruch des Kindes abdeckt. Der dem betreuenden Elternteil verbleibende angerechnete hälftige Kindergeldanteil des barunterhaltspflichtigen Elternteils steht dem Betreuenden also nicht für sich selbst zu, sondern ist für den Unterhalt des Kindes zu verwenden.

139 Die Anrechnung erfolgt grundsätzlich jeweils hinsichtlich des Unterhaltsanspruchs des Kindes, für welches das Kindergeld gezahlt wird[199]). Denn bei der steuerrechtlichen Prüfung der Frage, ob das Kindergeld ausreicht, die verfassungsrechtlich gebotene Steuerfreistellung zu bewirken, nimmt das Finanzamt einen auf das einzelne

---

[195]) BGH FamRZ 1997, 806, 811.
[196]) *Staudinger/Kappe/Engler* § 1606 Rz. 31; *Kalthoener/Büttner* Rz. 831.
[197]) Vgl. Rz. 159 ff.
[198]) Ob der Ausgleich tatsächlich erfolgt, ist unerheblich, vgl. *Ebling/Heuermann* Rz. 25 a.
[199]) Bundestags-Drucksache 13/7338 S. 29, Ausnahme Zählkindvorteil, § 1612 b Abs. 4, vgl. dazu Rz. 151 ff.

Kind bezogenen Vergleich vor. Eine gleichmäßige Verteilung des Kindergeldes auf alle Kinder und damit eine Anrechnung jeweils des Durchschnittssatzes auf den Unterhaltsanspruch der Kinder hätte zur Folge, daß der im höheren Kindergeld ab dem dritten Kind enthaltene Förderanteil zur Steuerfreistellung des Existenzminimums des ersten und zweiten Kindes verwandt würde. Dies ist vom Gesetzgeber ausdrücklich nicht gewollt[200]). Eine dem § 12 Abs. 4 BKGG a. F. entsprechende Verteilungsregelung, nach der das gesamte für die Kinder zu zahlende Kindergeld gleichmäßig auf diese verteilt wurde, ist daher nicht in das neue Kindergeldrecht übernommen worden[201]). Dadurch wird vermieden, daß der über das Gebot der Steuerfreistellung des Existenzminimums hinausgehende erhöhte Förderanteil, der in dem Kindergeld ab dem vierten Kind immer enthalten ist, gemäß § 31 Satz 5 EStG verrechnet und auf diesem Wege das Förderanliegen des Kindergeldes teilweise vereitelt wird.

Beispiel: Der Barunterhaltspflichtige zahlt für vier Kinder Unterhalt und unterliegt einem Spitzensteuersatz von 53 %. Für jedes Kind steht ihm gemäß § 32 Abs. 6 EStG monatlich ein Kinderfreibetrag in Höhe von 288 DM zu, die steuerliche Entlastung beträgt damit pro Kind 152,64 DM. Im Wege des zivilrechtlichen Ausgleichs erhält er über die Anrechnung auf den Unterhaltsanspruch für die ersten beiden Kinder jeweils 110 DM, für das dritte Kind 150 und für das vierte Kind 175 DM. Die steuerliche Entlastung durch die Anrechnung des hälftigen Kindergeldes bliebe zweimal um 42,64 DM (152,64 -110) und einmal um 2,64 DM (152,64 - 150), also insgesamt monatlich 87,92 hinter der durch den Kinderfreibetrag erreichbaren Entlastung zurück. Für die ersten 3 Kinder würde damit der Kinderfreibetrag unter Verrechnung des erhaltenen Kindergeldes gewährt; der Förderanteil für das vierte Kind in Höhe von 22,36 DM monatlich verbliebe dem Barunterhaltspflichtigen ungeschmälert.

Bei einer gleichmäßigen Anrechnung des Kindergeldes auf den Unterhaltsanspruch würde der Barunterhaltspflichtige im Wege des zivilrechtlichen Ausgleichs pro Kind 136,25 DM ([110 + 110 + 150 + 175] : 4) erhalten; die durch den Kinderfreibetrag erreichbare Entlastung würde pro Kind um 16,39 DM (152,64 - 136,25), insgesamt also um 65,56 DM (anstelle 87,92 DM nach der konkreten Anrechnung) unterschritten. Der im Kindergeld für das vierte Kind enthaltene Förderanteil in Höhe von 22,36 DM monatlich oder 268,32 DM jährlich

140

---

[200]) Bundestags-Drucksache 13/7338 S. 29.
[201]) Der Referentenentwurf hatte eine entsprechende Regelung allerdings noch vorgesehen, vgl. dazu *Wagner*, FamRZ 1996, 705, 712; ebenso die Rechtsprechung zum bisherigen Recht, vgl. *Staudinger/Kappe/Engler* § 1606 Rz. 32.

würde hier also für die steuerliche Entlastung hinsichtlich des Unterhalts für die ersten drei Kinder eingesetzt.

141 Die Regelung des Kindesunterhaltsgesetzes ist damit insgesamt familienfreundlich und deshalb zu begrüßen. Die Kritik hieran[202]) wird insbesondere diesem familienpolitischen Gesichtspunkt nicht gerecht. Zuzugestehen ist der Kritik allerdings, daß für **Mangelfälle**[203]) entsprechend den §§ 74, 76 EStG die gleichmäßige Verteilung des Kindergeldes auf die gemeinsamen Kinder hätte vorgesehen werden können, weil die Frage, ob das Kindergeld zur gebotenen Steuerfreistellung ausreicht, sich dort regelmäßig nicht stellt. Hier begnügt sich das Kindesunterhaltsgesetz damit, die Halbteilung des Kindergeldes einzuschränken oder auszuschließen (§ 1612 b Abs. 5 BGB[204])). Eine das Verfahren letztendlich nur verkomplizierende selbständige Verteilungsregelung für Mangelfälle ist nicht vorgesehen.

cc) Baruntehaltspflicht beider Elternteile, § 1612 b Abs. 2 BGB

142 Für den Fall der Baruntehaltspflicht beider Elternteile regelt § 1612 b Abs. 1 BGB nur, daß der anspruchsberechtigte Elternteil, der das Kindergeld nicht erhält, seine Unterhaltszahlung um das hälftige Kindergeld kürzen darf. Damit dies nicht zu Lasten des Kindes geht, muß sichergestellt werden, daß diese Kürzung ausgeglichen wird. Absatz 2 des § 1612 b BGB regelt ergänzend die Ansprüche des Kindes gegenüber dem baruntehaltspflichtigen Elternteil, dem das Kindergeld ausgezahlt wird. Diesem gegenüber erhöht sich der Unterhaltsanspruch des Kindes um die Hälfte des Kindergeldes, so daß in der Summe der Unterhaltsanspruch unverändert bleibt. Im Ergebnis führt dieses Zusammenspiel der Absätze 1 und 2 dazu, daß das Kindergeld jedem Elternteil zur Hälfte zugute kommt. Anstelle des ihm aufgrund des familienrechtlichen Ausgleichsanspruchs zustehenden hälftigen Kindergeldes erhält der eine Elternteil eine Entlastung hin-

---

[202]) Vgl. *Wohlgemuth*, FamRZ 1997, 471, 472, kritisch dazu wiederum *Wagner*, FamRZ 1997, 1513, 1516, FN 26.
[203]) Vgl. Rz. 154 ff.
[204]) Vgl. Rz. 154 ff.

sichtlich des Unterhaltsanspruchs des Kindes. Und der andere Elternteil muß anstelle in Erfüllung des familienrechtlichen Ausgleichsanspruchs in Erfüllung der Verpflichtung aus Absatz 2 das hälftige Kindergeld (wohl als Unterhaltsleistung des anderen Elternteils[205]) an das Kind zahlen.

> **Beispiel:** Das Kind lebt bei Dritten. Vater und Mutter sind allein kindergeldberechtigt. Der Vater schuldet 349 und die Mutter 435 DM Unterhalt. Das Kindergeld i.H.v. 220 DM wird an die Mutter ausgezahlt. Dann erhöht sich der Anspruch gegen die Mutter gem. § 1612 b Abs. 2 um 110 DM auf 545 DM und reduziert sich gegen den Vater gem. Abs. 1 um 110 auf 239 DM. Beiden Eltern verbleibt also eine finanzielle Entlastung in Höhe von 110 DM aufgrund der Kindergeldzahlung.

Die Regelung kommt einmal zum Tragen, wenn das Kind bei selbst **nicht anspruchsberechtigten Dritten**[206]) aufwächst oder - z.B. als studierendes volljähriges Kind - nicht in dem Haushalt eines Anspruchsberechtigten lebt. Dann sind grundsätzlich beide Elternteile barunterhaltspflichtig. Das Kindergeld kann aber in der ersten Alternative nur dann an den Dritten ausgezahlt werden, wenn dieser selbst anspruchsberechtigt ist[207]). Ist der das Kind betreuende Dritte selbst nicht anspruchsberechtigt oder lebt das Kind in einem eigenen Haushalt, wird das Kindergeld demjenigen Elternteil ausgezahlt, der die höheren Unterhaltsleistungen erbringt. **143**

Absatz 2 erfaßt darüber hinaus auch den Fall, daß das Kind volljährig ist und im Haushalt eines Elternteils lebt. Hier wird das Kindergeld zwar an den Elternteil, in dessen Haushalt das Kind lebt, ausgezahlt (§ 64 Abs. 2 Satz 1 EStG). Dieser erfüllt seine Unterhaltspflicht gegenüber dem volljährigen Kind aber nicht mehr gemäß § 1606 Abs. 3 Satz 2 BGB durch die Pflege und Erziehung des Kindes, son- **144**

---

[205]) Vgl. *Staudinger/Kappe/Engler* § 1606 Rz. 31, die für das bisherige Recht von einer teilweisen Abtretung des Anspruchs auf den familienrechtlichen Ausgleichsanspruch an das Kind oder einer Verwirklichung im Wege der Prozeßstandschaft ausgehen.

[206]) Vgl. dazu *Ebling/Heuermann* Rz. 151 ff.

[207]) In diesem Fall verbleibt es bei der Regelung des Absatzes 1, wonach der neben dem Dritten anspruchsberechtigte barunterhaltspflichtige Elternteil den ihm zustehenden Kindergeldanteil auf den Unterhaltsanspruch des Kindes anrechnen kann.

dern ist ebenfalls barunterhaltspflichtig. Dabei sind Naturalleistungen wie die Gewährung von Wohnung oder Verpflegung auf den Barunterhaltsanspruch anzurechnen[208]). Der barunterhaltspflichtige Elternteil, in dessen Haushalt das Kind nicht lebt, kann seine Unterhaltsleistung um das hälftige Kindergeld gemäß Absatz 1 kürzen und der „betreuende" barunterhaltspflichtige Elternteil hat - in Erfüllung des familienrechtlichen Ausgleichsanspruchs[209]) - entsprechend mehr Unterhalt an das Kind zu zahlen.

145   Die gleichmäßige **hälftige** Teilung des Kindergeldes auch bei unterschiedlich hohen Unterhaltsleistungen erscheint zunächst fragwürdig. Die Rechtsprechung zum bisherigen Recht[210]) und der Referentenentwurf eines Kindesunterhaltsgesetzes[211]) gingen in solchen Fällen von einer anteiligen Aufteilung aus. Im Beispielsfall[212]) stünden danach der Mutter rund 55,5 % und dem Vater rund 44,5 % des Gesamtkindergeldes zu. Die Halbteilung erscheint aber auch in diesen Fällen durchaus gerechtfertigt, weil die steuerrechtliche Vorgabe des § 32 Abs. 6 EStG nachzuvollziehen ist, welche die hälftige Aufteilung des Kinderfreibetrages unter den Eltern unabhängig von der Höhe etwaiger Unterhaltsleistungen vorsieht. Dies ist unter Pauschalierungs- und Vereinfachungsgesichtspunkten sicherlich vertretbar.

dd) Kindergeldberechtigung nur eines Elternteils, § 1612 b Abs. 3 BGB

146   Unter bestimmten Voraussetzungen hat **nur** der barunterhaltspflichtige Elternteil einen Anspruch auf Kindergeld und den vollen Kinderfreibetrag in Höhe von 576 DM. Dies kommt zum Beispiel nach dem Tod des anderen Elternteils sowie dann in Betracht, wenn dieser wegen eines Auslandsaufenthalts keinen Anspruch auf Kindergeld hat[213]).

---

[208]) Vgl. zur Abgrenzung Naturalunterhalt und Betreuungsunterhalt sowie den Arten des Naturalunterhalts *Staudinger/Kappe/Engler* § 1606 Rz. 16 f.
[209]) Vgl. Rz. 137.
[210]) BGH FamRZ 1997, 806, 809; vgl. auch *Staudinger/Kappe/Engler* § 1606 Rz. 30; a.A. *RGRK/Mutschler* § 1606 Rz. 22.
[211]) Vgl. dazu *Wagner*, FamRZ 1996, 705, 712; *ders.* FamRZ 1997, 1513, 1515 f.
[212]) Vgl. Rz. 142.
[213]) *Staudinger/Eichenhofer* § 1615 g Rz. 22.

147 Auch in einem solchen Fall alleiniger Anspruchsberechtigung des Barunterhaltspflichtigen ist denkbar, daß das Kindergeld z.b. wegen einer Verletzung der Unterhaltspflicht oder bei einer Heimunterbringung des Kindes gemäß § 74 EStG an das Kind oder einen nicht anspruchsberechtigten Dritten ausgezahlt wird.

> Wird das Kindergeld dagegen an **neben** dem barunterhaltspflichtigen Elternteil kindergeldberechtigte z.b. betreuende Großeltern ausgezahlt, verbleibt es bei der Regelung des Absatzes 1, wonach der neben dem Dritten anspruchsberechtigte barunterhaltspflichtige Elternteil den ihm zustehenden Kindergeldanteil auf den geschuldeten Unterhalt anrechnen kann[214].

148 In den Fällen alleiniger Anspruchsberechtigung muß der Barunterhaltspflichtige an dem ihm allein zustehenden Kindergeld nicht nur zur Hälfte, sondern vollständig teilhaben. Dies regelt Absatz 3, der - wie nach altem Recht § 1615 g Abs. 2 BGB a.F. - eine volle Anrechnung des Kindergeldes für die Fälle vorsieht, in denen **nur** der barunterhaltspflichtige Elternteil Anspruch auf Kindergeld hat, es aber nicht an ihn ausgezahlt wird.

149 Die Regelung greift auch bei einer - gemäß § 46 AO, § 76 EStG i. V. m. § 398 BGB zulässigen - Abtretung des Anspruchs auf Kindergeld an das Kind ein, weil diese Abtretung als Leistung an Erfüllung Statt zu werten ist[215].

150 Demgegenüber erfaßt die Regelung nicht die Pfändung und Überweisung des Kindergeldanspruchs zugunsten des unterhaltsberechtigten Kindes. Diese erfolgt nicht als Leistung an Erfüllung Statt sondern dient der Durchsetzung des fortbestehenden Unterhaltsanspruchs[216]. Bei einer Anrechnung auf den Erfüllungsanspruch würde die Vollstreckung des Unterhaltsanspruchs insoweit vereitelt[217].

---

[214]) Bundestags-Drucksache 13/7338 S. 30; vgl. auch Rz. 132; a.A. zum bisherigen Recht für nichteheliche Kinder *Staudinger/Eichenhofer* § 1615 g Rz. 24.
[215]) *Staudinger/Eichenhofer* § 1615 g Rz. 24.
[216]) *Staudinger/Eichenhofer* § 1615 g Rz. 25.
[217]) *RGRK/Mutschler*, § 1615 g Rz. 3.

ee) Zählkindvorteil, § 1612 b Abs. 4 BGB

151 § 1612 b Abs. 4 BGB regelt die Berücksichtigung des Zählkindvorteils. Der Zählkindvorteil beruht darauf, daß für dritte und weitere Kinder höhere Kindergeldsätze als für erste und zweite Kinder gelten.

> **Beispiel:** Im Haushalt der Mutter leben drei Kinder; zwei aus erster Ehe und das Kind aus dem Ausgangsfall[218]). Sie erhält für die ersten beiden Kinder jeweils 220 DM, für das dritte Kind 300 DM Kindergeld.

152 Unproblematisch ist, daß im Beispiel der für die ersten beiden Kinder barunterhaltspflichtige Vater gemäß § 1612 b Abs. 1 BGB auf den Unterhaltsanspruch jeweils 110 DM hälftiges Kindergeld anrechnen darf. Es stellt sich aber die Frage, ob der für das dritte Kind barunterhaltspflichtige Vater hier auch gem. Absatz 1 die Hälfte des erhöhten Kindergeldes anrechnen darf, obwohl er selbst nur einem Kind gegenüber unterhaltspflichtig ist.

153 Das Kindesunterhaltsgesetz geht hier den Weg, das Kindergeld, das wegen Berücksichtigung nicht gemeinschaftlicher Kinder erhöht ist, im Umfang der Erhöhung nicht anzurechnen. Dies entspricht der Rechtsprechung des Bundesgerichtshofs zum alten Kindergeldrecht für den Unterhaltsanspruch ehelicher Kinder[219]). Im Innenverhältnis der Eltern soll der Zählkindvorteil dem Elternteil allein zugute kommen, der eine zusätzliche Unterhaltslast für nicht gemeinschaftliche Kinder trägt. Die Unterhaltslast des barunterhaltspflichtigen Elternteils für gemeinschaftliche Kinder wird nicht dadurch erhöht, daß der andere Elternteil mit der Unterhaltspflicht für weitere Kinder belastet ist. Insoweit wird von dem Grundsatz, daß das für das jeweilige Kind konkret gezahlte Kindergeld zu berücksichtigen ist[220]), abgewichen.

---

[218]) Vgl. Rz. 106 f; 130.
[219]) BGH FamRZ 1981, 26 und FamRZ 1984, 1000; zum Streitstand bezüglich des bisherigen Rechts für nichteheliche Kinder vgl. *Staudinger/Eichenhofer* § 1615 g Rz. 26 ff.
[220]) Vgl. Rz. 139.

Beispiel: Im Beispielsfall können beide Väter also jeweils nur 110 DM Kindergeldanteil auf den Unterhaltsanspruch eines jeden ihnen gegenüber unterhaltsberechtigten Kindes anrechnen. Der im Kindergeld für das dritte Kind liegende Förderanteil kommt allein der mit - gegenüber den Vätern - zusätzlichen Unterhaltspflichten belasteten Mutter zugute.

ff) Verfahren in Mangelfällen, § 1612 b Abs. 5 BGB

Ein Mangelfall liegt vor, wenn das unterhaltsrechtlich einzusetzende Einkommen des Unterhaltsschuldners zur Befriedigung sämtlicher gegen ihn gerichteter Unterhaltsansprüche nicht ausreicht, er sich gegenüber den geltend gemachten Unterhaltsansprüchen also gem. § 1603 BGB auf eingeschränkte oder fehlende Leistungsfähigkeit[221]) berufen kann. 154

Die Anrechnung von Kindergeld gemäß den Absätzen 1 und 3 wird eingeschränkt, wenn der Barunterhaltspflichtige aufgrund seiner eingeschränkten oder fehlenden Leistungsfähigkeit nur hinter dem jeweils maßgeblichen Regelbetrag[222]) zurückbleibenden Unterhalt zu leisten hat. Gemäß § 1612 b Abs. 5 BGB unterbleibt eine Anrechnung des Kindergeldes, soweit der Unterhaltspflichtige außerstande ist, Unterhalt in Höhe des Regelbetrages zu leisten. Die Anrechnung unterbleibt also **insoweit**, als der für den Unterhalt des Kindes zur Verfügung stehende Betrag - der ohne Berücksichtigung anzurechnender kindbezogener Leistungen tatsächlich geschuldete Unterhalt - hinter dem Regelbetrag zurückbleibt. Der Kindergeldanteil gemäß Absatz 1 wird in diesen Fällen nur insoweit angerechnet, als er zusammen mit dem tatsächlich geschuldeten Unterhalt den Regelbetrag übersteigt. 155

Beispiel: Schuldet ein berufstätiger Barunterhaltspflichtiger für ein dreijähriges Kind (1. Altersstufe) bei einem anzurechnenden Einkommen von 1800 DM und einem anzuerkennenden Selbstbehalt von 1500 DM (z.B. Anm. 5 zur Düsseldorfer Tabelle[223])) monatlichen Unterhalt in Höhe von 300 DM, wird das Kindergeld nur in Höhe von 61 DM angerechnet. In Höhe der 49 DM, um die der geschuldete Unterhalt hinter dem Regelbetrag von 349 DM zurückbleibt, unterbleibt die Anrechnung[223a]). Tatsächlich zu zahlen sind 239 (geschuldete 300 - an-

---

[221]) Vgl. Rz. 18.
[222]) Vgl. Rz. 72 ff, 92.
[223]) Vgl. Rz. 18.
[223a])Vgl. Bundestags-Drucksache 13/7338 S. 30

zurechnende 61) DM. Dynamisiert ergäbe sich ein Unterhaltsanspruch in Höhe von 85,9 (300 : 349 x 100 = 85,95988[224])) vom Hundert des jeweiligen Regelbetrages abzüglich anzurechnender 61 DM Kindergeld.

156 Die Regelung beruht darauf, daß im Mangelfall auch das Kindergeld und damit auch der familienrechtliche Ausgleichsanspruch gemäß dem Grundgedanken des § 1603 Abs. 2 BGB grundsätzlich bei der Berechnung des Unterhaltsanspruchs zu berücksichtigendes Einkommen sind[225]). Im Mangelfall müßte danach eigentlich rechnerisch das Einkommen des Barunterhaltspflichtigen um den diesem zustehenden hälftigen Kindergeldanteil erhöht werden, was dazu führen würde, daß der hälftige Kindergeldanteil jedenfalls teilweise die Leistungsfähigkeit und damit den Unterhaltsanspruch des Kindes erhöhte. Auch hier werden die eigentlich vorzunehmenden Zahlungen zum einen des Unterhalts und zum anderen des (hier zur Erhöhung des einzusetzenden Einkommens führenden) hälftigen Kindergeldes aufgrund des familienrechtlichen Ausgleichsanspruchs dadurch abgekürzt, daß eine Anrechnung des Kindergeldes auf den Unterhaltsanspruch bis zur Grenze der Regelbeträge versagt wird.

Beispiel: Würde im obigen Beispielsfall der familienrechtliche Ausgleichsanspruch durch Zahlung des hälftigen Kindergeldes an den Barunterhaltspflichtigen erfüllt, erhöhte sich dessen anzurechnendes Einkommen um 110 DM auf 1910 DM. Bei wiederum einem anzuerkennenden Selbstbehalt von 1500 DM könnte der Verpflichtete den Regelbetrag in Höhe von 349 DM als Unterhalt leisten. Von dem Kindergeld verblieben ihm wie bei der oben dargestellten Anwendung des § 1612 b Abs. 5 BGB letztendlich 61 DM (1910 - 1500 - 349).

Dasselbe Ergebnis würde auch eintreten, wenn das Kindergeld von vornherein hälftig an beide Berechtigte gezahlt würde.

157 Unterschiede bestehen allerdings dann, wenn das Einkommen des Barunterhaltspflichtigen auch mit dem hälftigen Kindergeld hinter dem notwendigen Selbstbehalt zurückbleibt und er nicht unterhaltspflichtig ist (§ 1603 BGB). In diesem Fall wird durch die Ver-

---

[224]) Zur Berechnung vgl. Rz. 90 ff.
[225]) Vgl. Bundestags-Drucksache 13/7338 S. 30; anders in der Begründung, wenn auch nicht im Ergebnis, BGH, FamRZ 1997, 806, 811.

rechnungslösung sichergestellt, daß wenigstens das hälftige Kindergeld als Unterhaltsleistung des Verpflichteten dem Kind zugute kommt. Würde es entsprechend dem Kinderfreibetrag hälftig an den eigentlich Barunterhaltspflichtigen ausgezahlt, müßte das Kind mit den Mitteln des öffentlichen Rechts (§ 74 Abs. 1 EStG) eine Auszahlung des Kindergelds an sich erwirken[226]). Dies würde zwar zu keinem anderen Ergebnis führen als die Regelung des Absatz 5, wäre jedoch deutlich komplizierter.

Wichtig ist, daß der bei dem Betreuungsunterhalt leistenden Elternteil verbleibende Kindergeldanteil des Barunterhaltspflichtigen, auch soweit eine Anrechnung im Mangelfall nicht erfolgt, als Unterhaltsleistung des Barunterhaltspflichtigen an das Kind zu werten ist. Dementsprechend ist bei der steuerrechtlichen Prüfung der Frage, ob durch das im Wege des zivilrechtlichen Ausgleichs geleistete Kindergeld die steuerrechtlich gebotene Freistellung erreicht wurde (§ 31 Satz 5 EStG), der hälftige Kindergeldanteil zu berücksichtigen. Denn der Ausgleichsberechtigte wird so gestellt, als habe er den hälftigen Anteil gemäß Absatz 1 zwar erhalten, aber - ganz oder teilweise - zur Erfüllung seiner Unterhaltsverpflichtungen eingesetzt[227]).

158

Nicht unproblematisch erscheint allerdings, daß als Bezugsgröße für die Einschränkung der Anrechnung des Kindergeldes auf die Regelbeträge nach der Regelbetrag-Verordnung abgestellt wird.

159

Die Rechtsprechung versagt bislang auf der Basis des alten Rechts eine Anrechnung des Kindergeldes, soweit der geschuldete Unterhalt hinter dem Regelbedarf zurückbleibt. Dies beruht darauf, daß § 1615 f Abs. 1 Satz 2 BGB a. F. den Regelbedarf als den zum Unterhalt eines Kindes, das sich in der Pflege seiner Mutter befindet, bei einfacher Lebenshaltung im Regelfall erforderlichen Betrag definierte. Da aber die Regelbeträge gerade nicht ausreichen, das Existenzminimum der Kinder abzudecken - und dementsprechend im Kindesunterhaltsgesetz auch nicht mehr als bei einfacher Lebenshaltung im Regelfall erforderliche Beträge definiert sind[228]) - hätte man sich vorstellen können, einen zur (teilweisen) Versagung der Anrechnung führenden Mangelfall bereits dann anzunehmen, wenn der geschuldete Unterhalt hinter dem Existenzminimum des Kindes zurückbleibt.

160

---

[226]) Vgl. BGH NJW 1984, 1614 zum früheren Kindergeldrecht.
[227]) Bundestags-Drucksache 13/7338 S. 30 a.E.
[228]) Vgl. Rz. 59 f.

161 Hiergegen spricht aber, daß die Regelbeträge (bzw. die früheren Regelbedarfssätze) unter Berücksichtigung der vielfach eingeschränkten Leistungsfähigkeit der Unterhaltsverpflichteten festgelegt worden sind. Die Regelbedarfssätze wurden letztmalig im Zuge der Erhöhung des Kindergeldes durch den Familienleistungsausgleich[229]) gegenüber den davor geltenden Sätzen um 20 Prozent erhöht[230]). Durch diese 20%-ige Erhöhung ist sichergestellt worden, daß der zu zahlende Betrag trotz der Erhöhung des anzurechnenden Kindergeldes konstant geblieben ist. Die früheren Regelbedarfssätze und nunmehr die Regelbeträge sind somit unter Berücksichtigung der hälftigen Anrechnung des Kindergeldes mit Blick darauf festgelegt worden, welchen Betrag der Verpflichtete tatsächlich nach erfolgter Anrechnung zu zahlen hat. Eine Anhebung der Anrechnungsgrenze auf das Maß des Existenzminimums hätte dazu geführt, daß eine volle (hälftige) Anrechnung in wesentlich weniger Fällen als bisher in Betracht gekommen wäre. Dies hätte in der Vielzahl der Fälle, in der aufgrund der individuellen Leistungsfähigkeit der Verpflichteten nur Unterhalt in Höhe der Regelbeträge geschuldet wird, zunächst **scheinbar** eine deutliche Erhöhung der tatsächlich zur Zahlung geschuldeten Beträge zur Folge gehabt. Die Verpflichteten hätten sich dem gegenüber jedoch wohl meistens auf eingeschränkte Leistungsfähigkeit berufen können, so daß im Ergebnis - abgesehen von zusätzlichem Aufwand - kaum etwas bewirkt worden wäre[231]).

162 Auch würde eine Erhöhung der „Anrechnungsgrenze" die Unterhaltsberechnung wegen des zusätzlichen Parameters des Existenzminimums deutlich komplizierter gestalten. Probleme ergäben sich schon daraus, daß das Existenzminimum anders als die Regelbeträge als Grundlage der Dynamisierung (die im Mangelfall ohnehin zusätzlichen Aufwand mit sich bringt[232])) nicht automatisch im Zweijahresrhythmus entsprechend der Nettolohnentwicklung fortgeschrieben wird. Regelbeträge und Existenzminimum entwickeln sich also aller Voraussicht nach unterschiedlich. Jede Fortschreibung des Existenzminimums hätte damit zur Folge, daß die (meisten) Unterhaltstitel

---

[229]) Jahressteuergesetz 1996, vgl. Rz. 125.
[230]) Fünfte Anpassungsverordnung zum 1. Januar 1996, BGBl. I.1995 S. 1190.
[231]) Vgl. auch Bundestags-Drucksache 13/7338 S. 22 und 59 f. für die unter Zugrundelegung der Konzeption des Entwurfs vergleichbare Problematik einer Erhöhung der Regelbeträge auf das Maß des Existenzminimums.
[232]) Vgl. Rz. 164 ff.

hinsichtlich der Position „Anrechnung des Kindergeldes" unzutreffend und damit korrekturbedürftig würden.

Kein Fall der Anrechnungsvorschriften liegt vor, wenn das Kindergeld an den Barunterhaltspflichtigen ausgezahlt wird und dieser nicht leistungsfähig ist. Bleibt das Einkommen des Unterhaltspflichtigen hinter dem notwendigen Selbstbehalt zurück, besteht kein Unterhaltsanspruch (§ 1603 BGB). Wird in einem solchen Fall das Kindergeld an den das Kind nicht betreuenden Barunterhaltspflichtigen ausgezahlt und übersteigt das Einkommen des Unterhaltspflichtigen zusammen mit dem Kindergeld noch nicht einmal den notwendigen Selbstbehalt, besteht zwar auch kein Unterhaltsanspruch (§ 1603 BGB), das Kind kann dann aber gem. § 74 Abs. 1 EStG die Auszahlung des Kindergelds an sich erreichen[233]).

163

gg) Mangelfall gem. § 1612 b Abs. 5 BGB und dynamisierter Unterhaltsanspruch

Wenn der geschuldete dynamisierte Unterhaltsanspruch vor Anrechnung kindbezogener Leistungen geringer als 100 % der Regelbeträge ist, wird vom Kind und vom Verpflichteten bei jeder Dynamisierung der Regelbeträge und damit jeder Dynamisierung des Unterhaltsanspruchs regelmäßig zu prüfen sein, ob und zu welchem Betrag nunmehr das nicht an der Dynamisierung teilnehmende Kindergeld[234]) anzurechnen ist[234a]).

164

Beispiel: Im Beispielsfall[235]) wird bei einem anzuerkennenden Selbstbehalt von 1500 DM und monatlich geschuldetem Unterhalt in Höhe von 300 DM das Kindergeld nur in Höhe von 61 DM angerechnet. In Höhe der 49 DM, um die der geschuldete Unterhalt hinter dem Regelbetrag von 349 DM zurückbleibt, unterbleibt die Anrechnung. Tatsächlich zu zahlen sind 239 (geschuldete 300 - anzurechnender 61) DM. Dynamisiert ergäbe sich ein Unterhaltsanspruch in Höhe

---

[233]) Vgl. BGH NJW 1984, 1614 zum früheren Kindergeldrecht.

[234]) Zur vereinzelt geforderten Dynamisierung auch des anzurechnenden Kindergeldes vgl. *Wagner*, FamRZ 1997, 1513, 1519 f.

[234a]) Beim statischen Unterhalt verringert sich im Mangelfall - z.B. statisch geschuldete 300 DM abzüglich anzurechnender 61 DM Kindergeld – das anzurechnende Kindergeld um genau den Betrag, um den der Regelbetrag im Zuge der Dynamisierung ansteigt.

[235]) Vgl. Rz. 155.

von 85,9 (300 : 349 x 100 = 85,95988[236])) vom Hundert des jeweiligen Regelbetrages abzüglich anzurechnender 61 DM Kindergeld.

Bei einer unterstellten Erhöhung der Regelbeträge in den alten Ländern um 3,5 %[237]) zum 1. Juli 1999 betrügen diese dann 362, 439 und 520 DM. Im Mangelfall würde dann aufgrund eines entsprechenden Titels vom 1. Juli 1999 bis zum 31. Dezember 2000 Unterhalt in Höhe von 311 DM (362 x 85,9 % = 310,95 = aufgerundet 311 DM[238])) abzüglich anzurechnender Kindergeldanteil geschuldet. Zu zahlen wären 311 DM - 61 DM anzurechnender Kindergeldanteil = 250 DM.

165 Allerdings beträgt in diesem Fall die Differenz zum Regelbetrag nur noch 51 DM (362 - 311), so daß eine Kindergeldanrechnung insoweit unterbleiben müßte und nur noch in Höhe von 59 DM erfolgen könnte. Zu zahlen wären eigentlich 311 - 59 = 252 DM, also 2 DM mehr als aufgrund des Titels. Die Höhe des Regelbetrages ist in den Fällen des § 1612 b Abs. 5 BGB - weil es für die Ermittlung des anzurechnenden Betrages erheblich auf die Differenz zwischen geschuldetem Unterhalt und maßgeblichem Regelbetrag ankommt - ein für die Berechnung der nach §§ 1612 b, 1612 c BGB anzurechnenden kindbezogenen Leistungen maßgebender Umstand im Sinne des § 655 ZPO. Der Titel könnte daher nach dieser Vorschrift, die eine Wesentlichkeitsgrenze nicht enthält, auf Antrag im vereinfachten Verfahren durch Beschluß abgeändert werden[239]).

166 Hat sich nun das Einkommen des Unterhaltsverpflichteten in der Zwischenzeit nicht geändert, würde dessen notwendiger Selbstbehalt um 11 DM unterschritten. Dies dürfte mangels Wesentlichkeit eine Abänderungsklage nach § 323 ZPO zwar nicht, wohl aber eine nach § 654 ZPO - wenn der Titel im vereinfachten Verfahren erwirkt wurde - ermöglichen. Allerdings könnte das Kind seinerseits geltend machen, daß - weil der geschuldete Unterhalt dann um 62 DM hinter dem Regelbetrag zurückbliebe - eine Anrechnung nur noch in Höhe von 48 DM erfolgen dürfte. Zu zahlen wären dann wiederum 252 DM, also 2 DM mehr als aufgrund des Titels.

167 Hat sich das Nettoeinkommen des Verpflichteten im Beispielsfall in der Zwischenzeit entsprechend der allgemeinen Entwicklung um

---

[236]) Vgl. zur Berechnung Rz. 90 ff.
[237]) Beispiel Rz. 109.
[238]) Vgl. zur Berechnung Rz. 90 ff.
[239]) Vgl. Rz. 271.

ebenfalls 3,5 % gesteigert, stünden ihm 1863 DM zur Verfügung. In diesem Fall wäre ihm die Zahlung eines Unterhalts in Höhe von 363 DM möglich. Eine Versagung der Anrechnung hälftigen Kindergeldes wäre - da jedenfalls der Regelbetrag geschuldet wird - nicht mehr gerechtfertigt.

Hier könnte das Kind im Hinblick auf den geschuldeten Betrag und der Verpflichtete im Hinblick auf das anzurechnende Kindergeld eine Abänderung des Titels anstreben. Im Ergebnis liefe dies darauf hinaus, daß ein Unterhalt in Höhe von 363 DM abzüglich 110 DM anzurechnendes Kindergeld, insgesamt also in Höhe von 253 DM gezahlt werden könnte. Bei entsprechender Anpassung der Unterhaltstabellen[240]) würde wohl der Regelbetrag i.H.v. 362 DM abzüglich 110 DM Kindergeldanteil geschuldet. **168**

Unter systematischen Gesichtspunkten sicherlich am konsequentesten wäre es, wenn nicht nur die Bedarfssätze und Altersstufen der einschlägigen oberlandesgerichtlichen Tabellen, sondern auch die anerkannten Selbstbehalte jeweils entsprechend der Nettolohnentwicklung angepaßt würden. In dem vom Gesetzgeber zugrunde gelegten Normalfall, in dem die Entwicklung des Nettoeinkommens des Verpflichteten und die allgemeine Nettolohnentwicklung jedenfalls mittelfristig übereinstimmen[241]), führt dies zu interessengerechten Ergebnissen. **169**

Denn wenn im Beispielsfall das Nettoeinkommen des Verpflichteten entsprechend der allgemeinen Entwicklung gestiegen wäre und der notwendige Selbstbehalt ebenfalls um 3,5 % angehoben würde, wäre bei einem zu berücksichtigenden Einkommen von 1863 DM und einem Selbstbehalt von (analog § 1612 a Abs. 2 BGB Satz 2 aufgerundet) 1553 DM Unterhalt in Höhe von 310 DM geschuldet. Hierauf wären aber - weil die Differenz zum Regelbetrag dann nur noch 52 DM beträgt - nur noch 58 DM Kindergeld anzurechnen, was das Kind gemäß § 655 Abs. 1 ZPO geltend machen könnte. Zu zahlen wären dann 310 DM - 58 DM = 252 DM. **170**

Die Beispiele zeigen, daß in den Mangelfällen des § 1612 b Abs. 5 BGB bei dynamisierten Unterhaltsansprüchen bei jeder Dynamisierung und entsprechend jeder Änderung der Altersstufen zu prüfen ist, **171**

---

[240]) Vgl. Rz. 112 ff, 114.
[241]) Bundestags-Drucksache 13/7338 S. 25.

ob die Titulierung hinsichtlich der anzurechnenden kindbezogenen Leistungen noch zutreffend ist. In diesem Bereich dürfte mit einer größeren Anzahl von Abänderungsbegehren zu rechnen sein. Dies bestätigt den vom Gesetz eingeschlagenen Weg, die Einschränkung der Anrechnung an das - seltenere - Unterschreiten des Regelbetrages zu knüpfen. Eine Anknüpfung an das Unterschreiten des Existenzminimums[242]) hätte die angeführten bestehenden Probleme auf eine Vielzahl der Fälle ausgedehnt.

b) Anrechnung sonstiger kindbezogener Leistungen, § 1612 c BGB

172 Die Vorschriften des § 1612 b BGB gelten entsprechend für regelmäßig wiederkehrende kindbezogene Leistungen, **soweit** sie den Anspruch auf Kindergeld ausschließen, § 1612 c BGB.

173 Erfaßt werden hierdurch insbesondere die das Kindergeld ausschließenden Leistungen wie Kinderzulagen aus der gesetzlichen Unfallversicherung oder Kinderzuschüsse aus der gesetzlichen Rentenversicherung sowie dem Kindergeld vergleichbare Leistungen für Kinder, die im Ausland oder von zwischen- oder überstaatlichen Einrichtungen gewährt werden (vgl. § 65 EStG und § 4 Abs. 1 BKGG)[243]). Für diese Leistungen gelten die Vorschriften über die Kindergeldanrechnung entsprechend. Denn der Ausschluß vom Kindergeld dient lediglich der Vermeidung öffentlich-rechtlicher Doppelleistungen und darf unterhaltsrechtlich keinem Elternteil zum Nachteil gereichen[244]). Dementsprechend wird eine Anrechnung dieser Leistungen auf den Kindesunterhalt der Höhe nach auf ein fiktives Kindergeld beschränkt. Ein etwaig darüber hinausgehender Betrag ist Bestandteil des Einkommens. Dies entspricht der bisherigen Rechtsprechung des Bundesgerichtshofs zum individuell bemessenen Unterhalt[245]), die in der Literatur auf Zustimmung gestoßen ist[246]).

174 Weitere kindbezogene Leistungen werden nicht angerechnet. Denn anders als das Kindergeld und die öffentlich-rechtlichen Kin-

---

[242]) Vgl. Rz. 60.
[243]) Vgl. dazu ausführlich *Ebling/Heuermann* Rz. 159 ff.
[244]) Vgl. Bundestags-Drucksache 13/7338 S. 31 zu § 1612 d BGB-E.
[245]) BGH FamRZ 1980, 1112 und 1981, 28.
[246]) *Göppinger/Wax*, Unterhaltsrecht, Rz. 770; *RGRK/Mutschler*, § 1606 BGB Rz. 24.

dergeldsurrogate kommen sonstige kindbezogene Besoldungs- und Entgeltbestandteile dem Berechtigten nicht als Brutto-, sondern als Nettobeträge zu. Sie sind also um Einkommen- und Zuschlagsteuern (Solidaritätszuschlag, Kirchensteuer) sowie - bei sozialversicherungspflichtigen Arbeitnehmern - um Beträge zur Renten-, Kranken-, Arbeitslosen- und Pflegeversicherung gemindert. Die sich hieraus ergebenden Abzugsposten können nur individuell unter Berücksichtigung der persönlichen Verhältnisse - gegebenenfalls erst nach der Einkommensteuerveranlagung - ermittelt werden[247]).

Durch die Anrechnung kindbezogener Bruttoleistungen würde die angestrebte Vereinfachung der Anrechnungsregeln vereitelt. Sie wäre im vereinfachten Verfahren vor dem Rechtspfleger, das in der großen Masse der Fälle zulässig sein wird[248]), ohnehin nicht möglich. Berücksichtigt werden solche Zulagen aber insoweit, als sie das unterhaltsrechtlich relevante Einkommen erhöhen. 175

III. Der Unterhaltsanspruch der mit dem Kindesvater nicht verheirateten Mutter

Hinsichtlich des Unterhaltsanspruchs der mit dem Kindesvater nicht verheirateten Mutter kommt es aufgrund des Kindesunterhaltsgesetzes zu Änderungen bei den Regelungen über den Betreuungsunterhalt[249]) und die einstweilige Verfügung[250]). 176

1. Betreuungsunterhalt, § 1615 l BGB

§ 1615 l BGB betrifft den Unterhaltsanspruch der mit dem Kindesvater nicht verheirateten und nicht verheiratet gewesenen Mutter. Für geschiedene Ehegatten gilt § 1570 BGB. 177

Nach Absatz 1 Satz 1 hat der Vater der Mutter für die Dauer von sechs Wochen vor und acht Wochen nach der Geburt des Kindes Unterhalt zu gewähren. Dieser Unterhaltsanspruch erfaßt gemäß dem 178

---

[247]) Bundestags-Drucksache 13/7338 S. 28.
[248]) Vgl. Rz. 219.
[249]) Vgl. Rz. 177 ff.
[250]) Vgl. Rz. 183.

neuen Satz 2 nunmehr auch die Kosten der Entbindung und den Ersatz weiterer Aufwendungen, die infolge der Entbindung oder der Schwangerschaft außerhalb des genannten Zeitraums entstehen.

179 Hinsichtlich dieser Kosten hat bisher § 1615 k BGB a.F. einen eigenen Erstattungsanspruch der Mutter vorgesehen. Daß dieser Anspruch nunmehr wie die übrigen Ansprüche nach § 1615 l BGB ein Unterhaltsanspruch ist hat zur Folge, daß die Kosten der Entbindung und der weiteren auf der Entbindung oder der Schwangerschaft beruhenden Kosten von den unterhaltsrechtlichen Voraussetzungen, insbesondere also der Bedürftigkeit der Mutter (§ 1602 BGB) und der Leistungsfähigkeit des Vaters (§ 1603 BGB) abhängen[251]. Hierdurch wird vermieden, daß im Falle eingeschränkter Leistungsfähigkeit dem Vater durch die Erstattung der Entbindungskosten in Höhe von mehreren tausend Mark auf längere Zeit Mittel genommen werden, die er sonst für den Kindesunterhalt hätte verwenden können. Die Regelung erfolgt deshalb letztlich im Interesse der Kinder[252].

180 Hinzuweisen ist darauf, daß der bisher auf einen Zeitraum von drei Jahren beschränkte Unterhaltsanspruch der Mutter nach Absatz 2 für den Fall, daß von ihr insbesondere wegen der Pflege oder Erziehung des Kindes eine Erwerbstätigkeit nicht erwartet werden kann, durch das Kindschaftsrechtsreformgesetz[253] geändert wurde. Die Befristung gilt nicht, wenn es insbesondere unter Berücksichtigung der Belange des Kindes grob unbillig wäre, einen Unterhaltsanspruch nach Ablauf dieser drei Jahre zu versagen.

181 Das Kindschaftsrechtsreformgesetz hat diesen Anspruch noch in anderer Hinsicht erweitert: Wenn der Vater das Kind betreut, steht ihm nach § 1615 l Abs. 5 Satz 1 BGB der Anspruch auf Betreuungsunterhalt nach § 1615 l Abs. 2 Satz 2 BGB gegen die Mutter zu. In diesem Fall gilt § 1615 l Abs. 2 und 3 BGB entsprechend, § 1615 l Abs. 5 Satz 2 BGB.

182 Der Anspruch auf Betreuungsunterhalt kann unter den vereinfachten Voraussetzungen des § 1613 Abs. 2 BGB[254] auch rückwirkend geltend gemacht werden, § 1615 l Abs. 3 Satz 4 BGB.

---

[251] Vgl. Rz. 18.
[252] Bundestags-Drucksache 13/7338 S. 32.
[253] Artikel 1 Nr. 5, BGBl. 1997 I S. 2942, 2944.
[254] Vgl. Rz. 38 ff.

2. Einstweilige Verfügung, § 1615 o BGB

Auf Antrag der Mutter kann durch einstweilige Verfügung angeordnet werden, daß der Mann, der die Vaterschaft anerkannt hat oder der nach § 1600 d Abs. 2 BGB als Vater vermutet wird, die nach § 1615 l Abs. 1 BGB voraussichtlich zu leistenden Beträge an die Mutter zu zahlen hat. Es kann dann auch die Hinterlegung eines angemessenen Betrages angeordnet werden.

Damit wird sichergestellt, daß hinsichtlich des Unterhalts der Mutter für die Dauer von sechs Wochen vor und acht Wochen nach der Geburt des Kindes sowie des Unterhaltsanspruchs bezüglich der Kosten der Entbindung und des Ersatzes weiterer Aufwendungen, die infolge der Entbindung oder der Schwangerschaft entstehen, schnell und einfach ein vorläufiger Titel erlangt werden kann[255].

183

---

[255] Zum einstweiligen Rechtsschutz allgemein vgl. Rz. 272 ff.

C. Verfahrensrechtliche Ausgestaltung

Bei den Neuerungen im Verfahrensrecht, die das Kindesunterhaltsgesetz bringt, sind in erster Linie die Änderungen bei der gerichtlichen Zuständigkeit und eine prozessuale Auskunftspflicht für alle Unterhaltsverfahren sowie das neue vereinfachte Verfahren für den Kindesunterhalt zu nennen.

184

I. Ausgangslage

Wie im materiellen Recht enthielt auch das Verfahrensrecht unterschiedliche Regelungen für eheliche und nichteheliche Kinder. Grundsätzliche Aussagen zur Notwendigkeit auch der verfahrensrechtlichen Gleichstellung enthält auch eine Entscheidung des Bundesverfassungsgerichts aus dem Jahre 1991 zum (damals noch unterschiedlichen[256]) Instanzenzug für Unterhaltsstreitigkeiten ehelicher und nichtehelicher Kinder[257]). Aus dem Gebot des Artikels 6 Abs. 5 GG folgt danach die Pflicht des Gesetzgebers, bei jeder Regelung, die zwischen ehelichen und nichtehelichen Kindern differenziert, zu prüfen, ob es für die Ungleichbehandlung sachliche Gründe gibt. Den Maßstab der Gleichstellung bildet der „Normalfall" des ehelichen Kindes, das in einer stabilen Ehe aufwächst. Abweichungen von den für eheliche Kinder geltenden Vorschriften sind nach dem vom Bundesverfassungsgericht so beschriebenen Verfassungsauftrag grundsätzlich nur zulässig, wenn eine förmliche Gleichstellung der anderen sozialen Situation des nichtehelichen Kindes nicht gerecht würde oder dadurch andere, ebenso geschützte Rechtspositionen beeinträchtigt werden.

185

---

[256]) Der unterschiedliche Instanzenzug wurde bereits durch das KindRG beseitigt; mit der Erweiterung der Zuständigkeit der Familiengerichte (§ 23 b Abs. 1 Satz 2 Nr. 5 GVG, § 621 Abs. 1 Nr. 4 ZPO) wurde der in Familiensachen geltende Instanzenzug auf sämtliche Streitigkeiten, die die durch Verwandtschaft begründete gesetzliche Unterhaltspflicht betreffen, ausgedehnt, vgl. Bundestags-Drucksache 13/4899 S. 72 f.
[257]) BVerfGE 85, 80 = FamRZ 1992, 157.

186 Zwar galten seit dem Nichtehelichengesetz von 1969[258]) die allgemeinen Vorschriften über den individuellen Unterhalt (§§ 1601 ff. BGB a.F.) grundsätzlich auch für nichteheliche Kinder. Die individuelle Unterhaltsklage hatte in der Praxis jedoch nur geringe Bedeutung[259]). In der ganz überwiegenden Zahl der Fälle begehrte das Kind den Regelunterhalt nach den §§ 1615 f bis 1615 h BGB a.F. Dieser Regelunterhalt wurde in einem gesonderten Verfahren (§§ 642 bis 644 ZPO a.F.) geltend gemacht. Auf den Nachweis der Bedürftigkeit des Kindes und der Leistungsfähigkeit des Vaters kam es hierbei grundsätzlich nicht an; eine Herabsetzung unter den Regelunterhalt konnte nur im Fall einer wesentlich geringeren Leistungsfähigkeit verlangt werden (§ 1615 h BGB a.F.).

Machte das Kind - im Weg der Klage nach § 642 ZPO a.F. oder in einer mit dem Kindschaftsprozeß verbundenen Unterhaltsklage nach § 643 ZPO a.F. - den Regelunterhalt geltend, dann wurde der Vater in einem ersten Schritt zur Leistung des Regelunterhalts verurteilt. Der Unterhaltsbetrag selbst wurde erst in einem sich anschließenden besonderen (Beschluß-)Verfahren durch den Rechtspfleger unter Berücksichtigung des anzurechnenden Kindergelds und ähnlichem festgesetzt (§ 642 a ZPO a.F., § 1615 g BGB a.F. in Verbindung mit der Verordnung zur Berechnung des Regelunterhalts - Regelunterhalt-Verordnung). Bei der Klage nach § 642 ZPO konnte einer verminderten Leistungsfähigkeit des Vaters oder einer geringeren Bedürftigkeit des Kindes durch prozentuale Abschläge oder - bei höherer Leistungsfähigkeit des Vaters - Zuschläge entsprochen werden (§ 642 d ZPO a.F., § 1615 h Abs. 1 BGB a.F.). War die Klage auf Regelunterhalt mit der Klage auf Feststellung der nichtehelichen Vaterschaft verbunden (§ 643 ZPO a.F.), konnte indessen nur der Regelunterhalt - also ohne Zu- und Abschläge - im Urteil zugesprochen werden; individuelle Besonderheiten konnten in diesen Fällen nur durch die nach Rechtskraft des Urteils über den Regelunterhalt für beide Parteien mögliche gesonderte Abänderungsklage (§ 643 a ZPO a.F.) berücksichtigt werden. In vielen Fällen blieb es in der Praxis bei der Verurteilung zum Regelunterhalt. Wurde die Höhe des Regelbedarfs durch Rechtsverordnung geändert, konnte der Betrag des Regelunterhalts auf Antrag durch Beschluß neu festgesetzt werden (§ 642 b Abs. 1 ZPO a.F.).

II. Allgemeine Vorschriften

187 Primäres Ziel des Kindesunterhaltsgesetzes ist es, das Unterhaltsrecht minderjähriger Kinder zu vereinheitlichen. Darüber hinaus trifft das neue Recht auch Regelungen, die allgemein für alle Unterhaltsverfahren von Bedeutung sind: Dies berührt zum einen die gericht-

---

[258]) Gesetz über die rechtliche Stellung nichtehelicher Kinder vom 19. August 1969, BGBl. I S. 1243.
[259]) Vgl. Bundestags-Drucksache 13/7338 S. 16.

liche Zuständigkeit insbesondere für Verfahren, die die gesetzliche Unterhaltspflicht eines Elternteils oder beider Elternteile gegenüber einem minderjährigen Kind betreffen (§ 642 ZPO), sowie die prozessuale Auskunftspflicht nach § 643 ZPO.

1. Gerichtliche Zuständigkeit

Für Verfahren, die die gesetzliche Unterhaltspflicht eines Elternteils oder beider Elternteile gegenüber einem minderjährigen Kind betreffen, ist das Gericht ausschließlich (örtlich) zuständig, bei dem das Kind oder der Elternteil, der es gesetzlich vertritt, seinen allgemeinen Gerichtsstand hat, § 642 Abs. 1 Satz 1 ZPO. Das neue Recht behält damit - in Übereinstimmung mit einem Anliegen der Länder und der angehörten Verbände[260]) - die bisherige Zuständigkeit für das vereinfachte Verfahren zur Abänderung von Unterhaltstiteln und das Verfahren zur Festsetzung von Regelunterhalt des bisherigen Rechts (§ 641 l Abs. 3, § 642 a Abs. 4 ZPO a.F.) bei. Dadurch wird erreicht, daß das minderjährige Kind seine Rechte in den Verfahren über seinen gesetzlichen Unterhaltsanspruch gegen einen oder beide Elternteile in dem ortsnahen Gerichtsstand seines Wohnsitzes oder gewöhnlichen Aufenthalts im Inland verfolgen oder verteidigen kann. Das Kind soll den Unterhaltsanspruch nicht in dem unter Umständen weit entfernten Gerichtsstand des unterhaltsverpflichteten Elternteils verfolgen müssen[261]). Der ortsnahe Gerichtsstand besteht sowohl für die vereinfachten Verfahren (§§ 645 ff., 655 ZPO) als auch für die Klageverfahren (§§ 253, 323, 654, 656, 767 ZPO). Damit werden im Falle der Überleitung des vereinfachten Verfahrens in das streitige Verfahren nach § 648 Abs. 2, §§ 650, 651 ZPO zugleich Verzögerungen vermieden, wie sie bei der Überleitung vom Mahnverfahren in das streitige Verfahren durch die häufig notwendige Abgabe an ein anderes Gericht (§ 696 ZPO) auftreten.

188

---

[260]) Vgl. Bundestags-Drucksache 13/7338 S. 34.
[261]) Beschlußempfehlung und Bericht des Rechtsausschusses, Bundestags-Drucksache 13/9596 S. 35 f.

Das KindRG hat bereits alle Streitigkeiten, die durch Verwandtschaft begründete gesetzliche Unterhaltsansprüche betreffen, ausschließlich dem **Familiengericht** zugewiesen, § 23 b Abs. 1 Satz 2 Nr. 5 GVG, § 621 Abs. 1 Nr. 4 ZPO. Zusammen mit den Rechtsstreitigkeiten, die eine durch Ehe begründete gesetzliche Unterhaltspflicht betreffen (§ 621 Abs. 1 Nr. 5 ZPO), ergibt sich eine einheitliche Zuständigkeit der Abteilung für Familiensachen für sämtliche nach § 23 a Nr. 2 GVG dem Amtsgericht zugewiesenen Streitigkeiten in Unterhaltssachen.

189 Eine Regelung, die die ausschließliche Zuständigkeit des Gerichts des allgemeinen Gerichtsstandes des Kindes allein für das vereinfachte Verfahren (§§ 645 bis 652 ZPO) vorgesehen hätte, hätte diesem Anliegen nicht entsprochen. Auch für das Abänderungsverfahren nach § 655 ZPO und für Abänderungsklagen (§ 323 ZPO, §§ 654, 656 ZPO) wären - abhängig von der Parteistellung des Kindes - verschiedene Gerichte zuständig gewesen. Dies wird durch einen für Klagen und vereinfachte Verfahren einheitlichen Gerichtsstand vermieden[262]. Im Interesse eines einfachen und raschen Verfahrens und damit zugleich im Interesse des Kindes können die Parteien einen abweichenden Gerichtsstand nicht vereinbaren.

190 Der ausschließliche Gerichtsstand in § 642 Abs. 1 Satz 1 ZPO knüpft wahlweise an den - in der Regel zusammenfallenden - allgemeinen Gerichtsstand des Kindes und des sorgeberechtigten Elternteils an. Dieser wahlweise ausschließliche Gerichtsstand soll dem sorgeberechtigten Elternteil die Prozeßführung für das Kind erleichtern, wenn dieses sich für längere Zeit - etwa zur Ausbildung - an einem anderen Ort aufhält.

191 § 642 Abs. 1 ZPO, der die Prozeßführung für das Kind erleichtern will, betrifft den Normalfall, daß beide Parteien des Verfahrens ihren allgemeinen Gerichtsstand im Inland haben. Für den Fall jedoch, daß der unterhaltspflichtige Elternteil seinen allgemeinen Gerichtsstand im Ausland hat, hätte es nicht im Interesse des Kindes gelegen, eine ausschließliche internationale Zuständigkeit in seinem inländischen Gerichtsstand vorzusehen; daher gilt der ausschließliche Gerichtsstand des § 642 Abs. 1 Satz 1 ZPO nicht, wenn das Kind oder ein Elternteil seinen allgemeinen Gerichtsstand im Ausland hat, § 642 Abs. 1 Satz 3 ZPO[263].

---

[262] Bundestags-Drucksache 13/7338 S. 34.
[263] Beschlußempfehlung und Bericht des Rechtsausschusses, Bundestags-Drucksache 13/9596 S. 35.

Allgemeine Vorschriften

Im Anwendungsbereich des Brüsseler Übereinkommens (GVÜ) vom 27. September 1968[264]), des Luganer Übereinkommens vom 16. September 1988[265]), des Haager Übereinkommens über die Anerkennung und Vollstreckung von Unterhaltsentscheidungen vom 2. Oktober 1973[266]) sowie der bilateralen Anerkennungs- und Vollstreckungsverträge, die wie das Haager Übereinkommen indirekte Regelungen der internationalen Zuständigkeit enthalten, hätte eine solche ausschließliche internationale Inlandszuständigkeit im Gerichtsstand des Kindes ohnehin keine Wirkung. Ihr gingen die Vorschriften dieser Verträge vor, die eine internationale Wahlzuständigkeit im Aufenthaltsstaat des Unterhaltsberechtigten oder des Unterhaltsverpflichteten begründen[267]) oder die Annahme einer solchen bei der Anerkennung und Vollstreckbarerklärung vorschreiben[268]).

192

Soweit die genannten Übereinkommen und Verträge nicht eingreifen, wäre das Kind benachteiligt worden, wenn § 642 Abs. 1 ZPO, - wie sein Wortlaut in der Fassung des Regierungsentwurfs dies hätte nahelegen können - die Bestimmung eines ausschließlichen internationalen Gerichtsstandes zur Folge gehabt hätte. Das Kind hätte dann seinen Unterhaltsanspruch gegen den im Ausland lebenden Elternteil nur im inländischen Gerichtsstand geltend machen können, obwohl es damit rechnen mußte, daß das inländische Urteil im Aufenthaltsstaat des unterhaltspflichtigen Elternteils nicht anerkannt und für vollstreckbar erklärt wird. Umgekehrt hätte das inländische Gericht die Anerkennung eines entgegen § 642 Abs. 1 Satz 2 ZPO im Aufenthaltsstaat des unterhaltpflichtigen Elternteils erwirkten Urteils für eine Zwangsvollstreckung in im Inland belegenes Vermögen dieses Elternteils zu versagen, wenn es nach dieser Vorschrift von einer ausschließlichen internationalen Zuständigkeit ausgehen hätte müssen und demgemäß die Zuständigkeit des ausländischen Gerichts nach § 328 Abs. 1 Nr. 1 ZPO zu verneinen gehabt hätte. Auch wenn letzteres nicht anzunehmen ist - weil die ausschließliche örtliche Zuständigkeit eine ausschließliche internationale Zuständigkeit nicht zwingend indiziert[269]) -, wurde § 642 Abs. 1 ZPO jedenfalls im Interesse der Gesetzesklarheit auf die reinen Inlandsfälle beschränkt[270]).

Das Kind verliert auch während eines längeren vorübergehenden Auslandsaufenthaltes, etwa bei einem Schüleraustausch, seinen allgemeinen Gerichtsstand am inländischen Wohnsitz des sorgeberechtigten Elternteils nicht; dieser Elternteil ist also auch während der Ab-

193

---

[264]) Gesetz vom 24. Juli 1972, BGBl. 1972 II S. 773.
[265]) Gesetz vom 30. September 1994, BGBl. 1994 II S. 2658, 3772.
[266]) Gesetz vom 25. Juli 1986, BGBl. 1986 II S. 825.
[267]) Vgl. Artikel 3 Abs. 1, Artikel 5 Nr. 2 GVÜ.
[268]) Vgl. Artikel 4, 7 Nr. 1 Haager AVÜ.
[269]) Vgl. *Zöller/Geimer*, IZPR Rz. 40.
[270]) Zur Kritik des § 641 l Abs. 3 ZPO, dem die Vorschrift in der Fassung des Regierungsentwurfs nachgebildet war, vgl. *Stein-Jonas/Schlosser*, § 641 l ZPO Rz. 9 ff.

wesenheit des Kindes nicht genötigt, Ansprüche des Kindes im Beklagtengerichtsstand zu verfolgen[271]).

194 § 642 Abs. 2 Satz 1 ZPO sichert den Vorrang des Verbundverfahrens, indem er die Anwendung von § 621 Abs. 2 und 3 ZPO anordnet. Der Vorteil dieser Verfahrensweise, nämlich die sachgerechtere und rationellere Bearbeitung, hat für das vereinfachte Verfahren über den Unterhalt (§§ 645 bis 660 ZPO) bis zu einer Überleitung in das streitige Verfahren keine Bedeutung. Dementsprechend gilt nach § 642 Abs. 2 Satz 2 ZPO der Vorrang des Verbundverfahrens nur im Falle einer Überleitung in das streitige Verfahren[272]).

195 Die Klage eines Elternteils gegen den anderen Elternteil wegen eines Anspruchs, der die durch Ehe begründete gesetzliche Unterhaltspflicht betrifft, oder wegen des Anspruchs nach § 1615 l BGB kann auch bei dem Gericht erhoben werden, bei dem ein Verfahren über den Unterhalt des Kindes im ersten Rechtszug anhängig ist, § 642 Abs. 3 ZPO.

196 Der noch vom Regierungsentwurf vorgesehene ausschließliche Gerichtsstand am Wohnsitz des Kindes bzw. des betreuenden Elternteils wäre problematisch gewesen, wenn der betreuende Elternteil seinen eigenen Unterhaltsanspruch gegen den anderen Elternteil an dessen Wohnsitz geltend hätte machen müssen[273]). Im Interesse der Verfahrensvereinfachung und -beschleunigung sieht § 642 Abs. 3 ZPO deshalb eine temporäre Wahlzuständigkeit[274]) des Gerichts, bei dem in erster Instanz ein Verfahren über den Unterhalt des Kindes anhängig ist, nicht nur für den Unterhaltsanspruch eines nicht verheirateten Elternteils gegen den anderen Elternteil (§ 1615 l BGB), sondern auch für die durch Ehe begründete gesetzliche Unterhaltspflicht vor[275]). Der unterhaltsberechtigte Elternteil kann die Klage schon dann an diesem Gerichtsstand erheben, wenn ein vereinfachtes Ver-

---

[271]) Beschlußempfehlung und Bericht des Rechtsausschusses, Bundestags-Drucksache 13/9596 S. 35.
[272]) Vgl. Bundestags-Drucksache 13/7338 S. 35.
[273]) Zur Kritik an dieser Regelung vgl. *Ewers*, FamRZ 1997, 473; *Wohlgemuth*, FamRZ 1997, 471, 472.
[274]) Temporärer Wahlgerichtsstand, vgl. Beschlußempfehlung und Bericht des Rechtsausschusses, Bundestags-Drucksache 13/9596 S. 35 f.
[275]) Beschlußempfehlung und Bericht des Rechtsausschusses, Bundestags-Drucksache 13/9596 S. 36.

Allgemeine Vorschriften

fahren zur Festsetzung von Unterhalt anhängig ist. Hierdurch wird sichergestellt, daß über beide Unterhaltsansprüche dasselbe Gericht entscheidet, falls das vereinfachte Verfahren in ein streitiges Verfahren (§ 651 ZPO) übergeht.

Wird eine Ehesache anhängig, so ist sowohl die Unterhaltsstreitigkeit, die die durch die Ehe begründete gesetzliche Unterhaltspflicht betrifft (Familiensache, § 621 Abs. 1 Nr. 5 ZPO), als auch das - streitige - Kindesunterhaltsverfahren (§ 621 Abs. 1 Nr. 4 ZPO) von Amts wegen an das Gericht der Ehesache zu verweisen oder abzugeben, § 621 Abs. 3 Satz 1 ZPO, § 642 Abs. 2 Satz 1 ZPO i. V. m. § 621 Abs. 3 Satz 1 ZPO. **197**

2. Prozessuale Auskunftspflicht

Für Unterhaltsverfahren werden die Möglichkeiten der Auskunftserlangung über die für die Bemessung des Unterhalts maßgebenden Umstände verbessert. **198**

Der Referentenentwurf des KindUG hatte noch ein selbständiges Auskunftsverfahren vorgesehen[276]. Nach überwiegender Kritik in den Stellungnahmen aus der Praxis wurde der Gedanke nicht weiter verfolgt.

a) Betroffene Verfahren

§ 643 ZPO regelt die Einzelheiten der prozessualen Auskunftspflicht der Parteien und bestimmter Dritter in den auf gesetzlicher Unterhaltspflicht beruhenden Unterhaltsstreitverfahren. Diese Verfahren betreffen **199**

- die durch Verwandtschaft begründete Unterhaltspflicht, § 621 Abs. 1 Nr. 4 ZPO[277],
- die durch Ehe begründete gesetzliche Unterhaltspflicht, § 621 Abs. 1 Nr. 5 ZPO, sowie

---

[276] Zum selbständigen Auskunftsverfahren vgl. *Claessen*, Rpfleger 1996, 381, 388.
[277] In der Fassung des KindRG.

- Ansprüche nach den §§ 1615 l, 1615 m BGB, § 621 Abs. 1 Nr. 11 ZPO.

b) Befugnis des Gerichts

200 Das Gericht kann den Parteien in diesen Unterhaltsstreitigkeiten aufgeben, unter Vorlage entsprechender Belege Auskunft zu erteilen über ihre Einkünfte und, soweit es für die Bemessung des Unterhalts von Bedeutung ist, über ihr Vermögen und ihre persönlichen und wirtschaftlichen Verhältnisse, § 643 Abs. 1 ZPO. Es kann von dem Unterhaltsverpflichteten und dem Unterhaltsberechtigten alle für die Bemessung des Unterhalts erforderlichen Angaben und Belege anfordern[278]). Die Vorschrift schafft keine Verpflichtung des Gerichts zur Amtsermittlung, sondern erweitert lediglich die Möglichkeiten des Gerichts nach § 273 ZPO[279]).

201 § 643 Abs. 2 ZPO ermöglicht es dem Gericht für den Fall unvollständiger oder nicht erteilter Auskunft sowie nicht oder unvollständig vorgelegter Belege, Auskünfte von bestimmten Dritten über die für die Unterhaltsbemessung maßgebenden Tatsachen einzuholen. Unter den in der Vorschrift genannten Voraussetzungen wird das Gericht in die Lage versetzt, - unabhängig von den Regelungen über vorbereitende Maßnahmen (§ 273 ZPO), die schriftliche Beantwortung von Beweisfragen (§ 377 Abs. 3 ZPO) und die Einholung amtlicher Auskünfte (§ 358 a Satz 1 Nr. 2 ZPO) - von diesen Dritten die Vorlage einer schriftlichen Auskunft zu verlangen.

> Die Gerichte machen vielfach schon bisher davon Gebrauch, von Dritten Auskünfte über das Einkommen der Parteien einzuholen[279a]). Die Verpflichtung des Schuldners zur Auskunftserteilung (§ 1605 BGB) ist ohnehin mit der Pflicht verbunden, auf Verlangen Belege, also auch Arbeitgeberbescheinigungen oder Bescheinigungen betrieblicher Versorgungsträger, vorzulegen. Die Auskunftserteilung wird in vielen Fällen zudem an die Stelle einer sonst erforderlichen Beweiserhebung durch Zeugeneinvernahme treten[279b]) und entlastet damit gleich-

---

[278]) Eine solche Auskunfts- und Vorlagepflicht wird von *Gottwald*, Deutscher Juristentag 61, A 18, ausdrücklich begrüßt; siehe auch *Wagner*, FamRZ 1996, 705, 713 f.; kritisch *Kleinle*, DAVorm 1996, 813, 825 f.
[279]) Vgl. Bundestags-Drucksache 13/7338 S. 35.
[279a]) Vgl. OLG Celle, FamRZ 1990, 1129 m.w.N.
[279b]) So bereits OLG Düsseldorf, JurBüro 1984, 1528.

Allgemeine Vorschriften 79

zeitig zeugnispflichtige Personen - hier die sachkundigen Beschäftigten der Arbeitgeber oder Versorgungsträger - und Gerichte[280]).

c) Zur Auskunft verpflichtete Stellen

§ 643 Abs. 2 Satz 1 ZPO zählt die zur Auskunft verpflichteten Stellen auf und regelt den Inhalt der Auskünfte: Während die in Nummer 1 Buchstaben a bis d genannten Stellen Auskunft über die Einkünfte zu erteilen haben, obliegt es der in Nummer 2 genannten Datenstelle der Deutschen Rentenversicherung, die vom Verband Deutscher Rentenversicherungsträger verwaltet wird (§ 146 Abs. 2, § 150 SGB VI), Auskünfte über den zuständigen Rentenversicherungsträger sowie über die Versicherungsnummer zu erteilen, um dem Gericht im Vorfeld eines konkreten Auskunftsersuchens die Feststellung des auskunftsfähigen Rentenversicherungsträgers zu ermöglichen. 202

Kommt eine Partei der Aufforderung des Gerichts nach § 643 Abs. 1 ZPO nicht oder nicht vollständig nach, so kann das Gericht, soweit es zur Aufklärung erforderlich ist, Auskunft einholen über die Höhe der Einkünfte bei 203

- Arbeitgebern (§ 643 Abs. 2 Satz 1 Nr. 1 Buchstabe a ZPO),
- Sozialleistungsträgern sowie der Künstlersozialkasse (§ 643 Abs. 2 Satz 1 Nr. 1 Buchstabe b ZPO),
- sonstigen Personen oder Stellen, die Leistungen zur Versorgung im Alter und bei verminderter Erwerbsfähigkeit sowie Leistungen zur Entschädigung oder zum Nachteilsausgleich zahlen (§ 643 Abs. 2 Satz 1 Nr. 1 Buchstabe c ZPO), und
- Versicherungsunternehmen (§ 643 Abs. 2 Satz 1 Nr. 1 Buchstabe d ZPO).

Der Begriff des **Arbeitgebers** in § 643 Abs. 2 Satz 1 Nr. 1 Buchstabe a ZPO ist funktional zu verstehen; er erfaßt damit auch öffentlich-rechtliche Dienstherrn[281]). 204

Mit § 643 Abs. 2 Satz 1 Nr. 1 Buchstabe b ZPO werden die **Sozialleistungsträger** (§ 12 SGB I) in den Kreis der Adressaten eines 205

---

[280]) Vgl. Bundestags-Drucksache 13/7338 S. 35.
[281]) Vgl. Bundestags-Drucksache 13/7338 S. 35.

Auskunftsersuchens einbezogen. Das Auskunftsersuchen kann sich dabei sowohl auf die Sozialleistung als auch auf einzelne Berechnungselemente der (künftigen) Sozialleistung oder ihr zugrunde liegende tatsächliche Verhältnisse (vornehmlich Arbeitsentgelt oder -einkommen) beziehen, soweit diese für die Bemessung eines Unterhaltsanspruchs von Bedeutung sind. Die **Künstlersozialkasse** (§§ 37 ff. KSVG) ist im Interesse der Normenklarheit und der Abstimmung mit dem Sozialdatenschutz (§ 35 Abs. 1 Satz 4 SGB I) besonders erwähnt. Der Postrentendienst der Deutschen Bundespost ist nicht als Auskunftsadressat benannt worden, da dieser Auskünfte nur in einem maschinellen Verfahren erteilt und die Gerichte die hierfür erforderlichen technischen Voraussetzungen nicht erfüllen. Die Übermittlung der Sozialdaten beurteilt sich ausschließlich nach § 74 Nr. 1 Buchstabe a SGB X; § 643 Abs. 2 Satz 1 Buchstabe b ZPO hat insoweit nur klarstellende Funktion[282]).

206 § 643 Abs. 2 Satz 1 Nr. 1 Buchstabe c ZPO beschreibt den Kreis der auskunftsfähigen und -pflichtigen Stellen in Abhängigkeit von der Funktion der Leistungen, welche diese erbringen. Die Regelung geht - entsprechend dem Grundsatz, daß im allgemeinen jedes der Bedarfsdeckung dienende Einkommen unterhaltsrechtlich beachtlich ist - von einem weiten Verständnis auskunftsfähiger Stellen aus. Sie berücksichtigt den Umstand, daß eine Reihe materiell-sozialrechtlicher Regelungen nicht im Sozialgesetzbuch enthalten sind, so daß sich die Befugnis zur Auskunftseinholung nicht bereits aus Nummer 1 Buchstabe b ergibt. Im wesentlichen handelt es sich bei den von Nummer 1 Buchstabe c erfaßten Stellen um die in § 69 Abs. 2 Nr. 1, 2 SGB X genannten **Einrichtungen, deren Leistungen der Alters- und Erwerbsminderungsversorgung, der Entschädigung für eine besondere Opferlage oder dem Nachteilsausgleich dienen.** Die Regelung, die unabhängig von der Organisationsform der auskunftsfähigen Stelle zur Anwendung gelangt, erfaßt auch private, betriebliche oder berufsständische Träger der Alters- und Erwerbsminderungsversorgung und berücksichtigt damit die zunehmende Bedeutung dieser Vorsorgeformen[283]).

207 § 643 Abs. 2 Satz 1 Nr. 1 Buchstabe d ZPO bezieht **Versicherungsunternehmen** auch insoweit in den Kreis der Adressaten

---
[282]) Vgl. Bundestags-Drucksache 13/7338 S. 35.
[283]) Vgl. Bundestags-Drucksache 13/7338 S. 35 f.

eines Auskunftsersuchens ein, als sie Leistungen gewähren, die unterhaltsrechtlich beachtlich sind, jedoch keine Versorgung im Sinne von § 643 Abs. 2 Satz 1 Nr. 1 Buchstabe c ZPO darstellen; zu denken ist beispielsweise an eine im frühen Lebensalter fällige Kapitallebensversicherung[284]).

Das Gericht kann des weiteren, soweit es zur Aufklärung erforderlich ist, Auskunft einholen über den für die auskunftspflichtige Partei zuständigen **Rentenversicherungsträger** und die Versicherungsnummer bei der **Datenstelle der Rentenversicherungsträger**, § 643 Abs. 2 Satz 1 Nr. 2 ZPO[285]). 208

Schließlich kann das Gericht in Rechtsstreitigkeiten, die den **Unterhaltsanspruch eines minderjährigen Kindes** betreffen, über die Höhe der Einkünfte und das Vermögen bei **Finanzämtern** Auskunft einholen, § 643 Abs. 2 Satz 1 Nr. 3 ZPO. In den Stellungnahmen zum Referentenentwurf, der die Auskunftseinholung bei Finanzämtern noch nicht vorsah, wurde bemängelt, daß in Unterhaltsverfahren den Gerichten die Möglichkeiten vorenthalten werden, die dem Sozialhilfeträger in Verfahren nach § 116 BSHG und der nach § 6 UVG über die Vorschrift des § 21 Abs. 4 SGB X zur Verfügung stehen. Dies hätte - wie in der Vergangenheit - dazu geführt, daß Unterhaltsberechtigte Sozialhilfe oder Unterhaltsvorschuß in Anspruch nehmen müssen, obwohl der Unterhaltsverpflichtete leistungsfähig ist. Der Sozialhilfeträger oder die Unterhaltsvorschußkasse kann bei seinem Regreß aber Auskünfte vom Finanzamt einholen. Um diesen Umweg zu vermeiden, tritt zumindest bei Rechtsstreitigkeiten über den Unterhaltsanspruch eines minderjährigen Kindes das öffentliche Interesse an der Festsetzung und Erhebung von Steuern und der damit verbundenen Wahrung des Steuergeheimnisses hinter die Existenzsicherung des Kindes zurück. Auch § 30 AO steht einer Auskunftserteilung nicht entgegen[286]). 209

Dem Vorschlag des Bundesrats[287]), die in § 643 Abs. 2 Satz 1 Nr. 3 ZPO vorgesehene Auskunftspflicht der Finanzämter auf sämtliche Unterhaltsstreitigkeiten zu erstrecken, wurde nicht gefolgt. Das Steuergeheimnis ist das Gegenstück zu 210

---

[284]) Vgl. Bundestags-Drucksache 13/7338 S. 36.
[285]) Vgl. Bundestags-Drucksache 13/7338 S. 36.
[286]) Vgl. Bundestags-Drucksache 13/7338 S. 36.
[287]) Vgl. Bundestags-Drucksache 13/7338 S. 55.

den weitreichenden Offenbarungs- und Mitwirkungspflichten des Steuerpflichtigen in Verwaltungs- und Gerichtsverfahren in Steuersachen. Da den geschützten Personen das Steuergeheimnis bekannt ist, sind sie eher bereit, ihre Verhältnisse zu offenbaren. Bei einer Ausweitung der Auskunftspflichten der Finanzämter zu Lasten der Unterhaltsverpflichteten bestand die Befürchtung, daß deren Bereitschaft zur Offenbarung ihrer Verhältnisse gegenüber dem Finanzamt, das heißt zur Angabe der Einnahmen in zutreffender Höhe, spürbar abnehmen und so zu einer weiteren Erschwerung des Besteuerungsverfahrens und Steuerausfällen in nicht zu vernachlässigender Höhe führen würde[288]).

Minderjährige Kinder sind im Hinblick auf ihren Unterhaltsanspruch besonders schutzbedürftig. Insbesondere ist bei ihnen regelmäßig die Möglichkeit, aufgrund eigener Anstrengung auch nur vorübergehend für den Unterhalt zu sorgen, nicht gegeben. Die Rechtsordnung erkennt diese besondere Schutzwürdigkeit Minderjähriger an verschiedenen Stellen an. Ihr wird sowohl im Unterhaltsrecht durch die gesteigerte Einstandspflicht der Eltern (§ 1603 Abs. 2 BGB) als auch vom Unterhaltsvorschußgesetz Rechnung getragen, nach dem bei Vorliegen der Voraussetzungen bis zur Vollendung des zwölften Lebensjahres - längstens für die Dauer von insgesamt 72 Monaten - staatliche Leistungen gewährt werden können. Diese besondere Schutzwürdigkeit Minderjähriger, aber auch die Tatsache, daß bei einer Nichtdurchsetzung gesetzlicher Unterhaltsansprüche vielfach staatliche Leistungen nach dem Unterhaltsvorschußgesetz in Anspruch genommen werden, rechtfertigt die Regelung in § 643 Abs. 2 Satz 1 Nr. 3 ZPO, die das Steuergeheimnis beim Unterhaltsanspruch minderjähriger Kinder zurücktreten läßt[289]).

211 Nach § 643 Abs. 2 Satz 2 ZPO ist der auskunftspflichtigen Partei bei der Aufforderung zur Auskunftserteilung mitzuteilen, daß das Gericht bei ungenügender Mitwirkung an der Klärung des Sachverhalts Auskünfte bei Dritten einholen kann. Es kann erwartet werden, daß hierdurch die Auskunftsbereitschaft derjenigen erhöht wird, die eine gerichtliche Anfrage - insbesondere bei ihrem Arbeitgeber - vermeiden wollen.

212 Die in § 643 Abs. 2 ZPO bezeichneten Personen und Stellen können sich nicht auf ein Zeugnisverweigerungsrecht oder auf eine Verschwiegenheitspflicht berufen; vielmehr sind sie verpflichtet, dem gerichtlichen Ersuchen Folge zu leisten, § 643 Abs. 3 Satz 1 ZPO. Die für Zeugen geltenden Vorschriften über die Folgen einer unberechtigten Verweigerung des Zeugnisses - Kostenauferlegung, Verhängung von Ordnungsgeld, ersatzweise Ordnungshaft, sowie Anord-

---

[288]) Vgl. Bundestags-Drucksache 13/7338 S. 58.
[289]) Vgl. Bundestags-Drucksache 13/7338 S. 58.

Allgemeine Vorschriften

nung von Zwangshaft, § 390 ZPO - sind in den Fällen des § 643 Abs. 2 Nr. 1 und 2 ZPO entsprechend anzuwenden, § 643 Abs. 3 Satz 1 ZPO.

d) Folgen mangelnder Auskunftsbereitschaft der Partei

Mangelnde Auskunftsbereitschaft einer Partei kann für diese zweierlei Folgen haben: **213**

- Zwar sieht das neue Recht für die Partei entsprechende Sanktionen - wie etwa Verhängung von Ordnungsgeld oder Anordnung von Zwangshaft - nicht vor. Insoweit bleibt es bei den allgemeinen prozessualen Grundsätzen. Wenn etwa eine Partei trotz Aufforderung durch das Gericht keine Angaben macht, können die von der Rechtsprechung entwickelten Grundsätze über die Beweisvereitelung[290]) anwendbar sein. Das Gericht kann gegebenenfalls aus einem entsprechenden Verhalten der Partei **beweiserleichternde Schlüsse** ziehen.   **214**

- Es ist ein Anliegen des neuen Rechts, die Voraussetzungen für eine außergerichtliche Klärung von Unterhaltsansprüchen zu verbessern. Ob dies erreicht wird, hängt wesentlich von einer freiwilligen Erfüllung der gegenseitigen Verpflichtung des Unterhaltsberechtigten und des Unterhaltsverpflichteten ab, dem anderen auf Verlangen Auskunft über seine Einkünfte und sein Vermögen zu erteilen (§§ 1361, 1580, 1605 BGB). Der neu gefaßte § 93 d ZPO ermöglicht es dem Gericht, die Kosten eines durch eine Verletzung der Auskunftspflicht veranlaßten Rechtsstreits dem Auskunftspflichtigen - abweichend von einer Kostentragungspflicht nach den §§ 91 bis 93 a, 269 Abs. 3 ZPO - auch im Falle seines Obsiegens aufzuerlegen. Die **Kostenfolge** soll den Verpflichteten zu einer freiwilligen außergerichtlichen Erfüllung der Auskunftspflicht anhalten und dem Berechtigten in geeigneten Fällen den umständlichen, zeitraubenden Weg der Stufenklage (§ 254 ZPO) ersparen.   **215**

---

[290]) Vgl. Zöller/Greger, § 286 ZPO Rz. 14 m.w.N.

e) Vorbereitung der Verhandlung

216 Die allgemeinen Vorschriften des Ersten und Zweiten Buches bleiben unberührt, § 643 Abs. 4 ZPO. Das Gericht ist in Unterhaltsstreitverfahren zur Vorbereitung der Verhandlung nicht auf die ihm nach § 643 Abs. 1 und 2 ZPO ausdrücklich eröffneten Möglichkeiten beschränkt, sondern es hat daneben selbstverständlich auch die Möglichkeit eines Vorgehens etwa nach § 139 ZPO (richterliche Aufklärungspflicht), § 142 ZPO (Anordnung der Urkundenvorlegung), § 143 ZPO (Anordnung der Aktenvorlegung) oder § 273 ZPO (vorbereitende Anordnungen). Die Vorschriften über den vorbereitenden Beweisbeschluß (§ 358 a ZPO) und die Aufnahme von Beweisen - etwa nach § 377 Abs. 3 ZPO - bleiben ebenfalls unberührt.

III. Das vereinfachte Verfahren

217 Das neue Recht sieht ein einfach ausgestaltetes Verfahren vor dem **Rechtspfleger** für die Festsetzung von Unterhalt (§§ 645 ff. ZPO) und für die Abänderung des Vollstreckungstitels bei einer Änderung der nach §§ 1612 b, 1612 c BGB anzurechnenden Leistungen (§ 655 ZPO) vor. Nach den Vorstellungen des Regierungsentwurfs sollte das vereinfachte Verfahren nach den §§ 645 ff. ZPO zur Durchsetzung des Anspruchs auf Regelunterhalt dienen[291]. Die wesentliche Abweichung des neuen Rechts gegenüber dem Regierungsentwurf liegt darin, daß auf einen eigenständigen Anspruch auf Regelunterhalt verzichtet wird und das vereinfachte Verfahren für sämtliche Unterhaltsansprüche bis zur Höhe des Eineinhalbfachen des Regelbetrages nach der Regelbetrag-Verordnung zugelassen wird, wenn das Kind mit dem in Anspruch genommenen - barunterhaltspflichtigen - Elternteil nicht in einem Haushalt lebt[292].

1. Zulässigkeit

218 § 645 Abs. 1 ZPO bestimmt, daß auf Antrag der Unterhalt eines minderjährigen Kindes, **das mit dem in Anspruch genommenen**

---

[291] Vgl. Bundestags-Drucksache 13/7338 S. 8, 36 ff.
[292] Beschlußempfehlung und Bericht des Rechtsausschusses, Bundestags-Drucksache 13/9596 S. 36.

Elternteil nicht in einem Haushalt lebt, im vereinfachten Verfahren festgesetzt wird, soweit der Unterhalt vor Anrechnung der nach §§ 1612 b, 1612 c BGB zu berücksichtigenden Leistungen das Eineinhalbfache des Regelbetrages nach der Regelbetrag-Verordnung nicht übersteigt.

Die Begrenzung auf das Eineinhalbfache des Regelbetrages liegt darin begründet, daß zum einen der Regelbetrag eine statistische Größe darstellt, die in der Vielzahl der Fälle aufgrund der persönlichen Verhältnisse der Betroffenen tatsächlich geschuldet wird[293]). Insoweit stellen die Regelbeträge durchaus einen Orientierungsrahmen dar. Durch die Zulassung der Geltendmachung von Unterhaltsansprüchen bis zum Eineinhalbfachen des jeweiligen Regelbetrages wird die Geltendmachung von Unterhaltsansprüchen in den alten Ländern bis zur Höhe von 524,-, 636,- und 753,- DM für die erste, zweite und dritte Altersstufe sowie in den neuen Ländern bis zur Höhe von 471,-, 570,- und 677,- DM für die entsprechenden Altersstufen ermöglicht. Es ist damit zu rechnen, daß einen höheren Unterhaltsanspruch nur weniger als 10 Prozent der Kinder haben dürften, deren Eltern in sehr guten finanziellen Verhältnissen leben und deren Einkommenszusammensetzung das vereinfachte Verfahren nicht zwingend als geeignet erscheinen läßt. Entscheidend für die Begrenzung auf das Eineinhalbfache der Regelbeträge ist, daß im vereinfachten Verfahren jedenfalls Unterhaltsbeiträge geltend gemacht werden können, die das Existenzminimum des Kindes[294]) problemlos abdecken[295]).

219

Beispiel: Das am 17. Januar 1995 geborene dreijährige Kind[296]) geht davon aus, gegenüber seinem nicht in demselben Haushalt lebenden Vater nach der einschlägigen oberlandesgerichtlichen Tabelle einen Barunterhaltsanspruch in Höhe von monatlich 435 DM (z.B. Gruppe 4 der Düsseldorfer Tabelle) abzüglich gemäß § 1612 b Abs. 1 BGB anzurechnender 110 DM Kindergeld[297]) zu haben.

---

[293]) Siehe oben Rz. 73 ff.
[294]) Siehe oben Rz. 78.
[295]) Beschlußempfehlung und Bericht des Rechtsausschusses, Bundestags-Drucksache 13/9596 S. 31.
[296]) Vgl. Rz. 90.
[297]) Vgl. Rz. 121 ff.

Da das Kind minderjährig ist **und** mit dem in Anspruch genommenen Vater nicht in einem Haushalt lebt **und** der geltend gemachte Anspruch von 435 DM das Eineinhalbfache des Regelbetrages der ersten Altersstufe (unabhängig davon, ob der Regelbetrag für die alten oder neuen Länder zugrunde zulegen ist) nicht übersteigt[298], ist die Verfolgung des Unterhaltsanspruchs im vereinfachten Verfahren unabhängig davon zulässig, ob der Unterhaltsanspruch statisch (435 DM) oder gemäß § 1612 a BGB dynamisiert (z.B. als 124,6 vom Hundert des jeweiligen Regelbetrages gem. § 1 Regelbetrag-Verordnung[299])) geltend gemacht wird.

220 Den Antrag auf Festsetzung des Unterhalts im vereinfachtem Verfahren können kommen sowohl das **minderjährige Kind** als auch **Dritte**, auf die der Unterhaltsanspruch des minderjährigen Kindes (etwa nach § 91 BSHG oder § 7 UVG) übergegangen ist, stellen[300].

221 Das vereinfachte Verfahren findet nicht statt, wenn in einem gerichtlichen Verfahren über den Anspruch des Kindes auf Zahlung von Unterhalt entschieden worden ist, wenn ein solches Verfahren - hierzu gehört mangels Beklagtenidentität nicht ein vereinfachtes Verfahren gegen den anderen Elternteil - anhängig ist oder auf andere Weise ein zur Zwangsvollstreckung geeigneter Unterhaltstitel errichtet worden ist, § 645 Abs. 2 ZPO. Diese Regelung stellt klar, daß das vereinfachte Verfahren nur für die Erstfestsetzung von Unterhalt in Betracht kommt.

222 Das schematisierte Verfahren ist nicht für die Prüfung geeignet, ob sich eine Veränderung der unterhaltsrechtlich maßgebenden Verhältnisse ergeben hat, die eine anderweitige Unterhaltsbemessung rechtfertigt. In einem solchen Fall ist die Abänderungsklage nach § 323 oder § 654 ZPO zu erheben. Für eine Festsetzung steht das vereinfachte Verfahren auch dann nicht zur Verfügung, wenn eine Unterhaltsklage abgewiesen worden ist; auch in diesem Fall liegt eine Entscheidung über den Unterhaltsanspruch vor. Hingegen kann der Unterhaltsberechtigte erneut ein Verfahren einleiten, wenn etwa ein Antrag im vereinfachten

---

[298] Wenn der Regelbetrag für die alten Länder maßgeblich ist, wird Unterhalt in Höhe des 1,246-fachen des Regelbetrages (435 [geschuldeter Unterhalt] : 349 [maßgeblicher Regelbetrag] = 1,2464183, entsprechend der Rundungsvorschrift des § 1612 a Abs. 2 BGB wird auf das 1,246-fache zu runden sein) geltend gemacht. Sollte auf den Regelbetrag für die neuen Länder abzustellen sein (vgl. Rz 75), würde Unterhalt in Höhe des 1,385-fachen des Regelbetrages (435 [geschuldeter Unterhalt] : 314 [maßgeblicher Regelbetrag] = 1,3853503) geltend gemacht.

[299] Vgl. Rz. 74 ff.

[300] Vgl. Bundestags-Drucksache 13/7338 S. 38.

Verfahren zur Festsetzung des Unterhalts nach § 646 Abs. 2 ZPO zurückgewiesen worden ist, weil er den Zulässigkeitsvoraussetzungen nicht entsprochen hat; in diesem Fall fehlt es an einer Entscheidung über den Unterhaltsanspruch. Gleiches gilt, wenn eine Auskunftsklage anhängig ist oder war; auch in diesen Fällen liegt keine Entscheidung über den Unterhaltsanspruch des Kindes im Sinne des § 645 Abs. 2 ZPO vor[301]).

2. Anforderungen an den Antrag

Der Antrag muß - in Anlehnung an das Mahnverfahren - folgende Angaben enthalten (§ 646 Abs. 1 ZPO): 223

- Die Bezeichnung der Parteien, ihrer gesetzlichen Vertreter und der Prozeßbevollmächtigten (Nummer 1),
- die Bezeichnung des Gerichts, bei dem der Antrag gestellt wird (Nummer 2),
- die Angabe des Geburtsdatums des Kindes (Nummer 3),
- die Angabe, ab welchem Zeitpunkt Unterhalt verlangt wird (Nummer 4),
- für den Fall, daß Unterhalt für die Vergangenheit verlangt wird, die Angabe, wann die Voraussetzungen des § 1613 Abs. 1 oder 2 Nr. 2 BGB eingetreten sind (Nummer 5),
- die Angabe der Höhe des verlangten Unterhalts (Nummer 6),
- die Angaben über Kindergeld und andere anzurechnende Leistungen nach den §§ 1612 b, 1612 c BGB (Nummer 7),
- die Erklärung, daß zwischen dem Kind und dem Antragsgegner ein Eltern-Kind-Verhältnis nach den §§ 1591 bis 1593 BGB besteht (Nummer 8),
- die Erklärung, daß das Kind nicht mit dem Antragsgegner in einem Haushalt lebt (Nummer 9),
- die Erklärung, daß Unterhalt nicht für Zeiträume verlangt wird, für die das Kind Hilfe nach dem Bundessozialhilfegesetz, Leistungen nach dem Unterhaltsvorschußgesetz oder Unterhalt nach § 1607 Abs. 2, 3 BGB erhalten hat, oder, soweit Unterhalt aus übergegangenem Recht oder nach § 91 Abs. 3 Satz 2 BSHG

---

[301]) Vgl. Bundestags-Drucksache 13/7338 S. 38.

verlangt wird, die Erklärung, daß der beantragte Unterhalt die Leistung an das Kind nicht übersteigt (Nummer 10) sowie

- die Erklärung, daß die Festsetzung im vereinfachten Verfahren nicht nach § 645 Abs. 2 ZPO ausgeschlossen ist (Nummer 11).

224 § 646 Abs. 1 Nr. 1 ZPO lehnt sich an § 313 Abs. 1 Nr. 1 ZPO an. Die Bezeichnung der Parteien muß - ohne daß dies ausdrücklich zu erwähnen wäre - so erfolgen, daß die Zustellung und Vollstreckung von Entscheidungen ohne Schwierigkeiten möglich ist. § 646 Abs. 1 Nr. 2 ZPO entspricht der Regelung für das Mahnverfahren (vgl. § 690 Abs. 1 Nr. 2 ZPO). § 646 Abs. 1 Nr. 3 ZPO sieht die Angabe des Geburtsdatums vor, um dem Gericht die Festsetzung entsprechend den Altersstufen des § 1612 a Abs. 3 BGB zu ermöglichen[302]). Nach § 646 Abs. 1 Nr. 4 ZPO ist der Zeitpunkt anzugeben, ab welchem der Unterhalt verlangt wird. Damit soll vermieden werden, daß allein wegen des rückständigen Unterhalts eine zusätzliche Klage angestrengt werden muß. Daher ist auch die Geltendmachung rückständigen Unterhalts (§ 1613 BGB) im vereinfachten Verfahren nicht ausgeschlossen, um eine abschließende Regelung des Unterhaltsanspruchs zu ermöglichen; hierzu bedarf es der Angabe, ab wann Unterhalt verlangt wird. Nach § 646 Abs. 1 Nr. 5 ZPO ist für den Fall, daß Unterhalt für die Vergangenheit verlangt wird, anzugeben, ab wann die Voraussetzungen des § 1613 Abs. 1 oder 2 Nr. 2 BGB vorgelegen haben. Hierdurch soll dem Antragsgegner die Prüfung ermöglicht werden, ob der Anspruch zu Recht auch für die Vergangenheit erhoben ist[303]).

225 Da das vereinfachte Verfahren zur Festsetzung von Unterhalt bis zum Eineinhalbfachen der Regelbeträge zugelassen wird, sieht § 646 Abs. 1 Nr. 6 ZPO vor, daß im Festsetzungsantrag die Höhe des verlangten Unterhalts stets enthalten sein muß. Zur Bezeichnung der Höhe des Unterhalts ist auch anzugeben, ob nach § 1612 a BGB eine Festsetzung als Vomhundertsatz eines oder des jeweiligen Regelbetrags nach Regelbetrags-Verordnung[304]) verlangt wird[305]).

---

[302]) Siehe oben Rz. 74 f.
[303]) Vgl. Bundestags-Drucksache 13/7338 S. 38.
[304]) Siehe oben Rz. 79 ff.
[305]) Beschlußempfehlung und Bericht des Rechtsausschusses, Bundestags-Drucksache 13/9596 S. 36.

Das vereinfachte Verfahren

§ 646 Abs. 1 Nr. 7 ZPO verlangt die Angabe der nach §§ 1612 b, 1612 c BGB auf den Unterhalt anzurechnenden Leistungen[306]). Hierdurch wird das Gericht in die Lage versetzt, den anzurechnenden Betrag dieser Leistungen zu bestimmen. Die in Betracht kommenden Leistungen sollen in dem einzuführenden Antragsvordruck (§ 659 ZPO) aufgeführt werden. § 646 Abs. 1 Nr. 8 ZPO verlangt die Erklärung, daß zwischen den Parteien ein Eltern-Kindes-Verhältnis nach den Vorschriften des Bürgerlichen Gesetzbuchs (§§ 1591 bis 1593 BGB) besteht. Für das nicht in einer Ehe geborene Kind bedeutet dies, daß es bei Inanspruchnahme des Vaters dessen Vaterschaftsanerkennung oder die gerichtliche Vaterschaftsfeststellung darlegen muß. § 646 Abs. 1 Nr. 9 ZPO verlangt die Erklärung, daß der Unterhaltsberechtigte nicht mit dem Antragsgegner in einem Haushalt lebt. Nach § 1606 Abs. 3 Satz 2 BGB erfüllt der Elternteil, der ein minderjähriges unverheiratetes Kind betreut, seine Verpflichtung, zum Unterhalt des Kindes beizutragen, in der Regel durch die Pflege und Erziehung des Kindes. Lebt der Unterhaltsberechtigte im Haushalt des in Anspruch genommenen Elternteils, ist nach § 645 Abs. 1 ZPO die Geltendmachung des Unterhalts im vereinfachten Verfahren ausgeschlossen[307]).

226

§ 646 Abs. 1 Nr. 10 ZPO schließt aus, daß von dem Kind Unterhaltsansprüche im vereinfachten Verfahren geltend gemacht werden, die auf den Sozialhilfeträger, auf die das Unterhaltsvorschußgesetz ausführenden Länder oder auf Dritte übergegangen sind (§ 91 BSHG, § 7 UVG, § 1607 Abs. 2, 3 BGB). Es ist daher in Satz 1 von dem Unterhaltsberechtigten die Erklärung abzugeben, daß Unterhalt nicht für die Zeiträume verlangt wird, in denen Leistungen nach dem BSHG oder dem UVG oder durch die in § 1607 BGB bezeichneten Dritten erbracht worden sind. Insbesondere wegen der zahlreichen Fälle des Übergangs der Unterhaltsansprüche auf den Träger der Sozialhilfe und auf die Länder steht das vereinfachte Verfahren auch Dritten zur Verfügung. Diese haben nach § 646 Abs. 1 Nr. 10 letzter Halbsatz ZPO zu erklären, daß der beantragte Unterhalt die Leistung an das Kind nicht übersteigt.

227

---

[306]) Siehe oben Rz. 118 ff.
[307]) Vgl. Beschlußempfehlung und Bericht des Rechtsausschusses, Bundestags-Drucksache 13/9596 S. 36.

228 Der Grundsatz des § 646 Abs. 1 Nr. 10 ZPO erfährt jedoch eine Einschränkung im Falle der treuhänderischen Rückübertragung[308]): Soweit Unterhaltsansprüche, die auf Dritte übergegangen sind, von diesen wieder rückübertragen wurden, steht das vereinfachte Verfahren nicht den Dritten, sondern wieder dem minderjährigen Kind zur Verfügung. Soweit eine treuhänderische Rückübertragung zugelassen wird, ist § 646 Abs. 1 Nr. 10 ZPO in diesem Sinne einschränkend auszulegen.

229 § 646 Abs. 1 Nr. 11 ZPO verlangt schließlich die Erklärung, daß die Festsetzung im vereinfachten Verfahren nicht nach § 645 Abs. 2 ZPO (anderweitige Anhängigkeit) ausgeschlossen ist. Andernfalls ist der Antrag unzulässig[309]).

230 Der Antrag ist zurückzuweisen, wenn schon ohne die Beteiligung des Antragsgegners festzustellen ist, daß die Voraussetzungen für das vereinfachte Verfahren nicht gegeben sind, § 646 Abs. 2 Satz 1 ZPO. Dies gilt auch, wenn der Antrag nicht die erforderlichen Angaben enthält. Der offensichtlich unzulässige Antrag wird dem Antragsgegner nicht zugestellt. Hierdurch werden dem Gericht Mehrarbeit und dem Gegner die Einlassung auf den unzulässigen Antrag erspart. Das Gericht hat vor der Zurückweisung den Antragsteller zu hören, § 646 Abs. 2 Satz 2 ZPO; damit hat dieser Gelegenheit, die Beanstandungen zu beheben und die Zurückweisung des Antrags zu vermeiden. Eine Anfechtung des zurückweisenden Beschlusses ist ausgeschlossen. Der Antragsteller hat aber die Möglichkeit, einen verbesserten Antrag einzureichen. Er kommt so schneller zum Ziel als über ein Rechtsbehelfsverfahren. Ein neuer Antrag ist nicht durch § 645 Abs. 2 ZPO ausgeschlossen. Nach dieser Vorschrift ist ein erneutes Verfahren bei vorangegangenem vereinfachten Verfahren nur unzulässig, soweit in dem Verfahren über den Unterhaltsanspruch des Kindes entschieden worden ist. Dies ist aber nicht der Fall, wenn der Antrag als unzulässig zurückgewiesen worden ist.

3. Beteiligung des Antraggegners

231 Erscheint nach dem Vorbringen des Antragstellers das vereinfachte Verfahren zulässig, so verfügt das Gericht die Zustellung des An-

---

[308]) Siehe unten Rz. 314 ff.
[309]) Vgl. Bundestags-Drucksache 13/7338 S. 39.

trags oder einer Mitteilung über seinen Inhalt an den Antragsgegner, § 647 Abs. 1 Satz 1 ZPO. Das Gericht hat dem Antragsgegner mit der Mitteilung des Antrags bestimmte Hinweise zu geben (§ 647 Abs. 1 Satz 2 ZPO), nämlich von wann an und in welcher Höhe nach dem Antrag die Unterhaltszahlungen festgesetzt werden sollen (Nummer 1), daß ein zur Vollstreckung geeigneter Festsetzungsbeschluß ergehen kann, wenn nicht innerhalb eines Monats[310]) Einwendungen in der vorgeschriebenen Form erhoben werden (Nummer 2), welche Einwendungen nach § 648 Abs. 1 und 2 ZPO erhoben werden können (Nummer 3) und daß, soweit Vordrucke eingeführt sind, die Einwendungen mit dem vom Gericht beigefügten Vordruck erhoben werden müssen (Nummer 4).

232 Die Hinweise nach § 647 Abs. 1 Satz 2 Nr. 1 ZPO entsprechen inhaltlich der in den Festsetzungsbeschluß (§ 649 ZPO) aufzunehmenden Bezeichnung der Unterhaltsleistungen. Aus ihnen muß der Antragsgegner entnehmen können, von wann an und in welcher Höhe nach dem Antrag die Unterhaltszahlungen festgesetzt werden sollen.

233 Nach Buchstabe a sind insoweit die Zeiträume nach dem Alter des Kindes, für die die Festsetzung des Unterhalts nach den Regelbeträgen der ersten, zweiten und dritten Altersstufe in Betracht kommt, zu bezeichnen.

234 Nach Buchstabe b muß im Fall des § 1612 a Abs. 1 BGB außerdem ersichtlich sein, zu welchem Vomhundertsatz des jeweiligen Regelbetrags[311]) der Antragsgegner mit einer Festsetzung des Unterhalts zu rechnen hat. Nach Buchstabe c ist darauf hinzuweisen, mit welchem Betrag Kindergeld und sonstige regelmäßig wiederkehrende kindbezogene Leistungen (§§ 1612 b, 1612 c BGB) anzurechnen sind.

235 Nach § 647 Abs. 1 Satz 2 Nr. 2 ZPO weist das Gericht darauf hin, daß ein zur Vollstreckung geeigneter Festsetzungsbeschluß ergehen kann, wenn nicht innerhalb eines Monats, im Falle einer Auslands-

---

[310]) Der Referentenentwurf sah noch, angelehnt an § 692 Abs. 1 Nr. 3 ZPO beim Mahnverfahren, eine zweiwöchige Frist vor. Da aber der Antragsgegner - im Gegensatz zum bloßen Widerspruch im Mahnverfahren - nach § 648 ZPO unter Umständen weitergehende Erklärungen abgeben, Auskünfte erteilen und Belege beifügen muß, wurde die Frist auf einen Monat verlängert.

[311]) Soweit nur der Vomhundertsatz „eines Regelbetrags" beantragt wird, ist dies entsprechend mitzuteilen.

zustellung innerhalb der vom Gericht zu bestimmenden Frist (§ 647 Abs. 1 Satz 3 ZPO), Einwendungen in der vorgeschriebenen Form erhoben werden.

236 Nach § 647 Abs. 1 Satz 2 Nr. 3 ZPO ist darauf hinzuweisen, welche Einwendungen nach § 648 Abs. 1 und 2 ZPO erhoben werden können. In dem Hinweis ist hervorzuheben, daß der Einwand fehlender oder eingeschränkter Leistungsfähigkeit - das heißt der Einwand, aufgrund der eigenen wirtschaftlichen Situation zur Leistung des beantragten Unterhalts nicht verpflichtet zu sein - nach § 648 Abs. 2 Satz 3 ZPO nur erhoben werden kann, wenn Auskunft über die Einkünfte, das Vermögen und die persönlichen und wirtschaftlichen Verhältnisse in Form eines vollständig ausgefüllten Vordrucks erteilt wird. Um dem Unterhaltsberechtigten bei Erhebung dieses Einwands eine Sachprüfung zu ermöglichen, muß der Verpflichtete zudem Belege über seine Einkünfte vorlegen.

237 § 647 Abs. 1 Satz 2 Nr. 4 ZPO sieht, soweit Vordrucke eingeführt sind, den Hinweis vor, daß die Einwendungen mit dem vom Gericht beigefügten Vordruck erhoben werden müssen und daß ein solcher Vordruck bei jedem Amtsgericht erhältlich ist.

238 § 647 Abs. 1 Satz 3 ZPO gibt dem Gericht bei Auslandszustellungen die Möglichkeit, die Frist nach § 647 Abs. 1 Satz 2 Nr. 2 ZPO entsprechend den jeweiligen Gegebenheiten zu bestimmen. Binnen dieser Frist hat die im Ausland wohnende Partei den Zustellungsbevollmächtigten gemäß § 175 ZPO zu benennen. Unterbleibt die Benennung, so können die weiteren Zustellungen in der vereinfachten Form der Aufgabe zur Post bewirkt werden, § 175 Abs. 1 Satz 2 ZPO. Die Verjährung wird bereits durch die Einreichung des Festsetzungsantrags unterbrochen, wenn die Zustellung demnächst erfolgt, § 647 Abs. 2 i.V.m. § 270 Abs. 3 ZPO.

4. Einwendungen gegen den Antrag

239 § 648 ZPO unterscheidet die möglichen Einwendungen des Antraggegners danach, ob im vereinfachten Verfahren über ihre Begründetheit (Absatz 1) oder nur über ihre Zulässigkeit (Absatz 2) zu befinden ist. Schließlich wird der Zeitpunkt bestimmt, bis zu dem die Einwendungen in dem Verfahren zu berücksichtigen sind (Absatz 3).

a) Einwendungen gegen die Zulässigkeit

Der Antragsgegner kann im vereinfachten Verfahren Einwendungen unter unterschiedlichen Voraussetzungen geltend machen. Zu den Einwendungen, über die im vereinfachten Verfahren nach § 648 Abs. 1 ZPO zu entscheiden ist, gehören diejenigen, die die Zulässigkeit des Verfahrens (Satz 1 Nr. 1) und den Zeitpunkt des Beginns der Unterhaltszahlungen (Satz 1 Nr. 2) betreffen, bestimmte Einwendungen gegen die Höhe des Unterhalts (Satz 1 Nr. 3) sowie der Einwand, dem Antragsteller zur Einleitung des Verfahrens keinen Anlaß gegeben zu haben (Satz 2).

240

Nach § 648 Abs. 1 Satz 1 Nr. 1 ZPO hat der Antragsgegner Gelegenheit, sowohl ein Fehlen allgemeiner Prozeßvoraussetzungen als auch Mängel der in den §§ 645, 646 ZPO geregelten besonderen Voraussetzungen des vereinfachten Verfahrens geltend zu machen[312].

241

§ 648 Abs. 1 Satz 1 Nr. 2 ZPO betrifft insbesondere den Fall, daß die Festsetzung von Unterhalt für die Vergangenheit beantragt wird. Der Antragsgegner kann einwenden, daß die Voraussetzungen, unter denen nach § 1613 BGB Unterhalt für die Vergangenheit verlangt werden kann[313], erst zu einem späteren Zeitpunkt vorgelegen haben, als der Antragsteller angegeben hat.

242

Zu den die Höhe des Unterhalts betreffenden Einwendungen, über die im vereinfachten Verfahren zu entscheiden ist, gehören nach § 648 Abs. 1 Satz 1 Nr. 3 ZPO nur die unter den Buchstaben a, b und c abschließend aufgezählten Einwendungen[314]:

243

- Buchstabe a läßt auf die nach § 647 Abs. 1 Nr. 1 Buchstabe a ZPO mitzuteilenden Angaben den Einwand zu, daß die nach dem Alter des Kindes zu bestimmenden Zeiträume, für die der Unterhalt nach den Regelbeträgen der ersten, zweiten und dritten Altersstufe festgesetzt werden soll, nicht richtig berechnet sind oder die angegebenen Regelbeträge von denen der Regelbetrag-Verordnung abweichen.

- Buchstabe b betrifft Berechnungsfehler des Gerichts im Falle des § 645 Abs. 2 ZPO, gilt aber darüber hinaus für alle übrigen, nicht unter Buchstabe a oder c fallenden Berechnungs- und

---

[312] Vgl. Bundestags-Drucksache 13/7338 S. 40.
[313] Siehe oben Rz. 33 ff.
[314] Vgl. Bundestags-Drucksache 13/7338 S. 40.

Übertragungsfehler, die unberichtet zu einer höheren Festsetzung des Unterhalts als beantragt führen würden.

- Nach Buchstabe c sind Einwendungen gegen die richtige Berechnung der nach den §§ 1612 b, 1612 c BGB anzurechnenden Leistungen zu berücksichtigen. Die Anrechnung entsprechender Leistungen findet schon im bisherigen Verfahren zur Festsetzung des Regelunterhalts statt (§ 642 a ZPO a.F.). Für die Abänderung des Betrags der anzurechnenden Leistungen sieht § 655 ZPO - wie bisher § 642 b ZPO a.F. - ebenfalls ein vereinfachtes Verfahren vor.

244 Auch im vereinfachten Verfahren ist § 93 ZPO anwendbar, um eine Inanspruchnahme der Gerichte zu vermeiden, wenn eine gütliche Einigung möglich ist. Entsprechend der bisherigen Regelung in § 641 o Abs. 1 Satz 2 ZPO a.F. wird dem Antragsgegner in § 648 Abs. 1 Satz 2 ZPO die Einwendung vorbehalten, daß er keinen Anlaß zur Antragstellung gegeben hat.

245 Nach § 648 Abs. 1 Satz 3 ZPO weist das Gericht nicht begründete Einwendungen nach § 648 Abs. 1 Satz 1 Nr. 1 und 3 ZPO mit dem Festsetzungsbeschluß zurück; gleiches gilt, wenn dem Gericht eine Einwendung nach § 648 Abs. 1 Satz 1 Nr. 2 ZPO nicht begründet erscheint. Dem Vorschlag des Bundesrats folgend[315]), wird dem Gericht ein Entscheidungs- oder Ermessensspielraum bei der Zurückweisung unbegründeter Einwendungen nicht eingeräumt. Das Gericht muß sich bei der Entscheidung über die Unbegründetheit oder Begründetheit von Einwendungen die volle Überzeugung bilden, soweit sie die Zulässigkeit der vereinfachten Verfahrens (§ 648 Abs. 1 Satz 1 Nr. 1 ZPO), die Berechnung der Höhe des Unterhalts (§ 648 Abs. 1 Satz 1 Nr. 3 ZPO) und die Anwendung des § 93 ZPO (§ 648 Abs. 1 Satz 2 ZPO) betreffen. Bei Einwendungen, die den Zeitpunkt des Beginns der verlangten Unterhaltszahlungen betreffen, entscheidet das Gericht nach pflichtgemäßem Ermessen[316]). Das Gericht hat insoweit nach dem Sach- und Streitstand zu entscheiden, wie dieser sich nach dem Vorbringen des Kindes und des Verpflichteten sowie etwaiger präsenter Beweismittel darstellt[317]).

---

[315]) Vgl. Bundestags-Drucksache 13/7338 S. 55.
[316]) Vgl. zu den Gründen die Gegenäußerung der Bundesregierung, Bundestags-Drucksache 13/7338 S. 58, sowie Rz. 36.
[317]) Vgl. Bundestags-Drucksache 13/7338 S. 58.

b) Einwendungen gegen die Begründetheit

Die Erhebung anderer Einwendungen behandelt § 648 ZPO; damit werden alle Einwendungen erfaßt, die sich nicht gegen die Zulässigkeit richten (vgl. § 648 Abs. 1 ZPO). Mit diesen Einwendungen wird der Antragsgegner - anders als es nach den §§ 641 o, 641 q ZPO a.F. bisher im Vereinfachten Verfahren zur Abänderung von Unterhaltstiteln und auch künftig in dem vereinfachten Abänderungsverfahren nach den §§ 655, 656 ZPO der Fall ist - im neuen Festsetzungsverfahren zur Ersttitulierung des Regelunterhalts nicht ausgeschlossen und nicht allein auf den Rechtsbehelf der Abänderungsklage verwiesen werden. Er kann die Einwendungen vielmehr schon im Festsetzungsverfahren vorbringen und, wenn er dabei die in § 648 Abs. 2 ZPO für die Zulässigkeit ihrer Erhebung vorgeschriebene Form einhält, den Festsetzungsbeschluß - ähnlich wie im Mahnverfahren durch den Widerspruch den Vollstreckungsbescheid - ganz oder teilweise abwenden. Die vorgesehenen Formerfordernisse sind darauf ausgerichtet, ein streitiges Verfahren (§ 651 ZPO) zu vermeiden oder doch wenigstens, soweit dies nicht gelingt, in der Frage der Leistungsfähigkeit des Verpflichteten den Streitstoff vorzuklären[318]). **246**

Über die Begründetheit der unter § 648 Abs. 2 ZPO fallenden Einwendungen ist im Festsetzungsverfahren nicht zu entscheiden, wohl aber darüber, ob diese in der zulässigen Form erhoben, das heißt zulässig sind. Die Unzulässigkeit der Einwendungen wird konkludent mit dem Erlaß des Festsetzungsbeschlusses (§ 649 ZPO) festgestellt, die Zulässigkeit durch ganzen oder teilweisen Nichterlaß des Festsetzungsbeschlusses und die in § 650 Satz 1 ZPO vorgeschriebene Mitteilung. Soweit § 648 Abs. 2 ZPO Angaben zur Substantiierung nicht vorschreibt, muß der Einlassung des Antragsgegners zu entnehmen sein, ob er überhaupt einen rechtlich relevanten Einwand geltend macht. Unsinnige, erkennbar unbegründete oder offensichtlich nicht begründbare Einwendungen können den Festsetzungsbeschluß ebensowenig abwenden wie eine nicht als Einwendung anzusehende Erwiderung, die lediglich allgemein, ohne jeden Hinweis auf den Rechtsgrund den geltend gemachten Anspruch bestreitet oder das Bestehen von Einwendungen behauptet. Die insoweit vom Rechtsbehelf des Widerspruchs im Mahnverfahren abweichende Ausgestal- **247**

---

[318]) Vgl. Bundestags-Drucksache 13/7338 S. 40.

tung ist im Interesse des das Verfahren betreibenden Kindes geboten und auch vertretbar, da der formell rechtskräftige Festsetzungsbeschluß anders als der Vollstreckungsbescheid im Hinblick auf § 654 ZPO nicht in materielle Rechtskraft erwächst.

248 § 648 Abs. 1 Satz 2 ZPO verlangt als Zulässigkeitskriterium aller unter Absatz 2 fallenden Einwendungen vom Antragsgegner eine Erklärung darüber, inwieweit er zur Unterhaltsleistung bereit ist, unter Abgabe einer entsprechenden Verpflichtungserklärung. Hierdurch soll der Antragsgegner angehalten werden, sich über die Berechtigung des Unterhaltsanspruchs Klarheit zu verschaffen und sich dazu gegebenenfalls rechtlich beraten zu lassen.

249 Nach § 648 Abs. 2 Satz 2 ZPO muß der Antragsgegner, wenn er den Einwand der Erfüllung erhebt, gleichzeitig erklären, inwieweit er geleistet hat und daß er sich verpflichte, einen darüber hinausgehenden Unterhaltsrückstand zu begleichen.

250 Für den am häufigsten zu erwartenden Einwand, den **Einwand eingeschränkter oder fehlender Leistungsfähigkeit**[319]), verlangt § 648 Abs. 2 Satz 3 ZPO zusätzlich zu der Erklärung nach Satz 1, daß der Antragsgegner in einem dafür einzuführenden Vordruck (§ 659 ZPO) Auskunft über seine Einkünfte, sein Vermögen und seine persönlichen und wirtschaftlichen Verhältnisse im übrigen erteilt und über seine Einkünfte Belege vorlegt. Hierdurch soll der Antragsteller eine Grundlage für eine außergerichtliche Verhandlung mit dem Antragsgegner und die Prüfung erhalten, wie die Aussichten einer weiteren Rechtsverfolgung einzuschätzen sind. Stellt der Antragsteller den Antrag auf Durchführung des streitigen Verfahrens, hat das Gericht bereits Angaben für das Klageverfahren vorliegen. Außerdem soll verhindert werden, daß sich der unterhaltsverpflichtete Antragsgegner der Festsetzung im vereinfachten Verfahren mit einem pauschalen Hinweis auf seine eingeschränkte oder fehlende Leistungsfähigkeit entziehen kann. Beruft sich der Antragsgegner auf diesen Einwand und legt er eine ausreichende Auskunft in Form des vollständig ausgefüllten Vordrucks oder die erforderlichen Belege nicht vor, so hat das Gericht im vereinfachten Verfahren den Unterhalt fest-

---

[319]) Im Sinne eines Einwands, aufgrund der eigenen wirtschaftlichen Verhältnisse (beispielsweise gemäß der Düsseldorfer Tabelle) zur Zahlung des beantragten Unterhalts nicht verpflichtet zu sein, vgl. Beschlußempfehlung und Bericht des Rechtsausschusses, Bundestags-Drucksache 13/ 9596 S. 37.

zusetzen. Dabei erfolgt lediglich eine formale Prüfung, ob die Einwendungen in der zulässigen Form geltend gemacht worden sind. Eine materiellrechtliche Prüfung, ob die Angaben den Einwand begründen, ist im Interesse eines einfachen Verfahrens nicht vorgesehen[320]. Die vorzulegenden Belege sollen dem Antragsteller eine Überprüfung der Auskunft ermöglichen[321].

> **Beispiel:** Wenn im Beispielsfall[322] der Verpflichtete geltend macht, aufgrund seiner Einkommenssituation nur zur Zahlung von Unterhalt in Höhe von 400 DM verpflichtet zu sein (z.B. Gruppe 3 der Düsseldorfer Tabelle), wird dieser Einwand nur beachtet, wenn er
> - den Unterhaltsanspruch in Höhe von 400 DM[323] anerkennt **und**
> - sich insoweit zur Leistung des Unterhalts verpflichtet **und**
> - entsprechend dem einzuführenden Vordruck Auskunft über seine wirtschaftlichen Verhältnisse erteilt **und**
> - entsprechende Belege beifügt.
>
> Wird nur eine dieser Voraussetzungen nicht erfüllt, wird der Einwand im vereinfachten Verfahren nicht beachtet.

c) Maßgeblicher Zeitpunkt

§ 648 Abs. 3 ZPO sieht davon ab, die Frist für die Geltendmachung der Einwendungen (§ 647 Abs. 1 Satz 2 Nr. 2, Satz 3 ZPO) als Ausschlußfrist auszugestalten. Auch nach Fristablauf eingehende Einwendungen hat das Gericht zu berücksichtigen, solange der Festsetzungsbeschluß noch nicht verfügt ist. Die Regelung vermeidet, daß der Antragsgegner den Weg der Abänderungsklage nach § 654 ZPO beschreiten muß[324].

251

---

[320] An eine Ausnahme könnte höchstens bei offensichtlichem Rechtsmißbrauch zu denken sein.
[321] Vgl. Bundestags-Drucksache 13/7338 S. 41.
[322] Rz. 219.
[323] Bei entsprechendem Antrag gemäß § 1612 a BGB in dynamisierter Form etwa als 114,6 vom Hundert des Regelbetrages der ersten Altersstufe alte Länder oder 127,3 vom Hundert des Regelbetrages der ersten Altersstufe neue Länder, zur Berechnung vgl. Rz. 90 ff.
[324] Vgl. Bundestags-Drucksache 13/7338 S. 41.

d) Aufnahme der Einwendungen

252 Durch die Einfügung einer neuen Nummer 9 in § 59 Abs. 1 Satz 1 SGB VIII wird erreicht, daß - neben dem Notar und der Urkundsperson des Gerichts (§ 24 Abs. 2 Nr. 3 RPflG i. V. m. § 657 ZPO) - auch die Urkundsperson des Jugendamts befugt ist, eine Erklärung des im vereinfachten Verfahren in Anspruch genommenen Elternteils nach § 648 Abs. 2 ZPO aufzunehmen. In entsprechender Anwendung des § 129 a ZPO ist die Urkundsperson verpflichtet, die nach dem eingeführten Vordruck (§ 648 Abs. 2, § 657 Satz 2 ZPO) aufzunehmende Erklärung unverzüglich an das zuständige Gericht zu übersenden oder die Übersendung nach einer entsprechenden Belehrung des unterhaltsverpflichteten Elternteils diesem zu überlassen (§ 129 a Abs. 2 ZPO)[325].

5. Unterhaltsfestsetzung

253 Erhebt der Unterhaltsverpflichtete keine oder unzulässige Einwendungen, setzt das Gericht - **der Rechtspfleger**, § 20 Nr. 10 Buchstabe a RPflG - den Unterhalt durch Beschluß fest (§ 649 Abs. 1 ZPO). Nach § 649 Abs. 1 Satz 1 ZPO wird der Unterhalt unter folgenden Voraussetzungen durch Beschluß festgesetzt:

- Die Monatsfrist nach § 647 Abs. 1 Satz 2 Nr. 2, Satz 3 ZPO muß verstrichen sein.

- Der Antragsgegner hat entweder keine oder nur solche Einwendungen erhoben, die nach § 648 Abs. 1 Satz 3 ZPO zurückzuweisen oder nach § 648 Abs. 2 ZPO unzulässig sind. Dies ist auch dann erfüllt, wenn der Antragsteller auf einen zulässigen Einwand seinen Antrag berichtigt.

254 § 649 Abs. 1 Satz 2 ZPO enthält die Klarstellung, daß der Feststellungsbeschluß einen Zahlungsausspruch enthalten muß und damit einen Zahlungstitel darstellt. § 649 Abs. 1 Satz 3 ZPO will ein zusätzliches Kostenfestsetzungsverfahren vermeiden. Damit der Festsetzungsbeschluß nicht verzögert wird, bleibt ein solches jedoch zulässig, wenn sich die erstattungsfähigen Kosten nicht ohne weiteres fest-

---

[325] Vgl. Beschlußempfehlung und Bericht des Rechtsausschusses, Bundestags-Drucksache 13/9596 S. 39.

stellen lassen. Die Vorschrift entspricht dem bisherigen § 641 p Abs. 1 Satz 4 ZPO a.F.

Die Entscheidung kann ohne mündliche Verhandlung ergehen, § 649 Abs. 2 ZPO. In dem Beschluß ist darauf hinzuweisen, welche Einwendungen mit der sofortigen Beschwerde geltend gemacht werden können und unter welchen Voraussetzungen eine Abänderung im Wege der Klage nach § 654 ZPO verlangt werden kann, § 649 Abs. 3 ZPO. Die Vorschrift entspricht dem bisherigen § 641 p Abs. 2 ZPO a.F. Sie sieht wegen der unterschiedlichen Möglichkeiten, Einwendungen im Wege der sofortigen Beschwerde oder der Abänderungsklage geltend zu machen, eine entsprechende Hinweispflicht des Gerichts vor. Hierdurch sollen unzulässige Rechtsmittel vermieden werden[326]).

255

Beispiel: Hat im Beispielsfall[327]) der Verpflichtete keine Belege über seine Einkünfte vorgelegt, könnte der Unterhalt bei entsprechendem Antrag gem. § 1612 a BGB und bei Anwendbarkeit der Regelbeträge für die alten Länder[328])wie folgt tituliert werden:

„Der Antragsgegner hat dem Kind K zum ersten eines jeden Monats Unterhalt zu zahlen in Höhe von:

1. vom 1. Juli 1998 bis 30. Juni 1999 325 DM (435 DM abzüglich 110 DM anzurechnendes Kindergeld);
2. vom 1. Juli 1999 bis zum 31. Dezember 2000 124,6 vom Hundert des jeweiligen Regelbetrages gem. § 1 Regelbetrag-Verordnung der Altersstufe eins abzüglich 110 DM anzurechnender Kindergeldanteil;
3. vom 1. Januar 2001 bis zum 31. Dezember 2006 124,6 vom Hundert des jeweiligen Regelbetrages gem. § 1 Regelbetrag-Verordnung der Altersstufe zwei abzüglich 110 DM anzurechnender Kindergeldanteil;
4. vom 1. Januar 2007 an 124,6 vom Hundert des jeweiligen Regelbetrages gem. § 1 Regelbetrag-Verordnung der Altersstufe drei abzüglich 110 DM anzurechnender Kindergeldanteil."

§ 650 ZPO regelt den Fortgang des Verfahrens, wenn Einwendungen erhoben wurden, die nicht nach § 648 Abs. 1 Satz 3 ZPO zurückzuweisen oder die nach § 648 Abs. 2 ZPO zulässig sind. Nach § 650

256

---

[326]) Vgl. Bundestags-Drucksache 13/7338 S. 41.
[327]) Rz. 219 und 250.
[328]) Vgl. Rz. 73 f.

Satz 1 ZPO teilt das Gericht dem Antragsteller diese Einwendungen mit. Nach § 650 Satz 2 ZPO setzt das Gericht auf Antrag den Unterhalt insoweit durch Beschluß fest, als sich der Antragsgegner nach § 648 Abs. 2 Satz 1, 2 ZPO zur Zahlung verpflichtet hat. Hierdurch kann der Antragsteller im vereinfachten Verfahren einen Vollstreckungstitel zumindest über einen Teil seines geltend gemachten Anspruchs erhalten; seinen darüber hinausgehenden Anspruch kann er im streitigen Verfahren (§ 651 ZPO) weiter verfolgen. Nach § 650 Satz 3 ZPO hat das Gericht den Antragsteller in der Mitteilung nach Satz 1 darauf hinzuweisen, daß der Unterhalt in der Höhe festgesetzt werden kann, in der sich der Antragsgegner zur Zahlung verpflichtet hat[329]).

Beispiel: Hat im Beispielsfall[330]) der Verpflichtete geltend gemacht, aufgrund seiner Einkommenssituation nur zur Zahlung von Unterhalt in Höhe von 400 DM verpflichtet zu sein (z.B. Gruppe 3 der Düsseldorfer Tabelle) und den Unterhaltsanspruch in dieser Höhe anerkannt sowie sich insoweit zur Leistung des Unterhalts verpflichtet und hat er weiter entsprechend dem einzuführenden Vordruck Auskunft über seine wirtschaftlichen Verhältnisse erteilt und entsprechende Belege beifügt, ist der Einwand eingeschränkter Leistungsfähigkeit beachtlich. Auf entsprechenden Antrag des Kindes kann der Unterhalt durch Beschluß z.B. wie folgt festgesetzt werden:

„Der Antragsgegener hat dem Kind K zum ersten eines jeden Monats Unterhalt zu zahlen in Höhe von:

1. vom 1. Juli 1998 bis 30. Juni 1999 290 DM (400 DM abzüglich 110 DM anzurechnendes Kindergeld);

2. vom 1. Juli 1999 bis zum 31. Dezember 2000 114,6 vom Hundert des jeweiligen Regelbetrages gem. § 1 Regelbetrag-Verordnung der Altersstufe eins abzüglich 110 DM anzurechnender Kindergeldanteil;

3. vom 1. Januar 2001 bis zum 31. Dezember 2006 114,6 vom Hundert des jeweiligen Regelbetrages gem. § 1 Regelbetrag-Verordnung der Altersstufe zwei abzüglich 110 DM anzurechnender Kindergeldanteil;

4. vom 1. Januar 2007 an 114,6 vom Hundert des jeweiligen Regelbetrages gem. § 1 Regelbetrag-Verordnung der Altersstufe drei abzüglich 110 DM anzurechnender Kindergeldanteil."

---

[329]) Vgl. Bundestags-Drucksache 13/7338 S. 41 f.
[330]) Rz. 219 und 250.

6. Streitiges Verfahren

Erhebt der Unterhaltsverpflichtete im materiellen Recht begründete Einwendungen in der vorgeschriebenen Form, kommt eine Festsetzung im vereinfachten Verfahren nicht in Betracht. In diesem Fall haben die Parteien die Möglichkeit, die Durchführung des streitigen Verfahrens zu beantragen (§ 651 Abs. 1 ZPO). Einen automatischen Übergang in das streitige Verfahren sieht das neue Recht nicht vor, um den Parteien Gelegenheit zu einer außergerichtlichen Einigung zu geben, aber auch, um dem Berechtigten, der etwa unter Berücksichtigung der Auskunft des Unterhaltsverpflichteten den Unterhaltsanspruch ganz oder teilweise nicht weiter verfolgen will, zusätzliche Kosten zu ersparen. Als raschere Alternative zur Titulierung des Regelunterhalts steht das vereinfachte Verfahren wahlweise neben der Unterhaltsklage zur Verfügung. Für Kinder, deren Eltern nicht miteinander verheiratet sind, bleibt außerdem die in der Praxis bedeutsame Möglichkeit erhalten, mit dem Kindschaftsprozeß zugleich die Verurteilung zum Unterhalt in Höhe der Regelbeträge zu betreiben (bisher § 643 ZPO a.F., künftig § 653 ZPO).

257

Der **Übergang in das streitige Verfahren** erfolgt nicht von Amts wegen, sondern ist - wie beim Widerspruch im Mahnverfahren (§ 696 Abs. 1 ZPO) - von dem Antrag einer Partei abhängig, § 651 Abs. 1 ZPO. Das Gericht hat den Antragsteller auf das Antragsrecht in der Mitteilung nach § 650 Satz 1 ZPO hinzuweisen.

258

Das Gericht hat, wenn eine Partei das streitige Verfahren beantragt, nach § 651 Abs. 2 Satz 1 ZPO wie nach Eingang einer Klage weiter zu verfahren. Dabei gelten nach § 651 Abs. 2 Satz 2 ZPO die erhobenen Einwendungen (§ 648 ZPO) als Klageerwiderung. Eine alsbaldige mündliche Verhandlung erscheint insbesondere dann sinnvoll, wenn die Einwendungen - etwa beim Einwand mangelnder oder fehlender Leistungsfähigkeit - mit der Auskunft hinreichend substantiiert erscheinen. In diesem Stadium soll das Gericht bereits erforderliche vorbereitende Maßnahmen (z. B. nach § 273 ZPO, § 643 ZPO) veranlassen. Sollten der Antrag oder die Einwendungen nicht genügend substantiiert sein, hat das Gericht nach § 139 Abs. 1 Satz 1 ZPO dahin zu wirken, daß sich die Parteien über alle erheblichen Tatsachen vollständig erklären und sachdienliche Anträge stellen[331]).

259

---

[331]) Vgl. Bundestags-Drucksache 13/7338 S. 42.

260 § 651 Abs. 3 ZPO regelt den Eintritt der Rechtshängigkeit beim Übergang in das streitige Verfahren. Maßgeblicher Zeitpunkt, zu dem die Rechtshängigkeit als eingetreten gilt, ist die Zustellung des Antrags im vereinfachten Verfahren (§ 647 Abs. 1 Satz 1 ZPO), wenn der Antrag auf Durchführung des streitigen Verfahrens innerhalb von **sechs Monaten** nach Zugang der Mitteilung nach § 650 ZPO gestellt wird. Die Frist wurde großzügig bemessen, damit der Antragsteller im Hinblick auf eine mögliche außergerichtliche Einigung nicht zu einem Übergang in das streitige Verfahren gedrängt wird[332]).

261 § 651 Abs. 4 ZPO sieht zur Erleichterung der Zwangsvollstreckung vor, daß ein einheitlicher Unterhaltstitel über zukünftige wiederkehrende Leistungen geschaffen wird, wenn ein Festsetzungsbeschluß nach § 650 Satz 2 ZPO vorausgegangen ist; der Unterhalt soll in einem Gesamtbetrag bestimmt und der Festsetzungsbeschluß insoweit aufgehoben werden. Die Festsetzung in einem Gesamtbetrag ist jedoch nicht in jedem Fall notwendig, beispielsweise dann nicht, wenn der vorangegangene Festsetzungsbeschluß nur rückständigen Unterhalt betrifft.

262 Beim Übergang in das streitige Verfahren sind die Kosten des vereinfachten Verfahrens als Teil der Kosten des streitigen Verfahrens zu behandeln, § 651 Abs. 5 ZPO. Diese Regelung lehnt sich an § 281 Abs. 3 Satz 1 und § 696 Abs. 1 Satz 5 ZPO an.

7. Sofortige Beschwerde

263 Die Parteien haben gegen den Festsetzungsbeschluß nach § 649 ZPO das Rechtsmittel der sofortigen Beschwerde, § 652 Abs. 1 ZPO. Nach § 11 RPflG ist dies zunächst die befristete Erinnerung (§ 11 Abs. 1 RPflG), über die der **Richter der Abteilung für Familiensachen** zu entscheiden hat, wenn er sie für zulässig und begründet hält; ansonsten legt er sie dem Beschwerdegericht vor (§ 11 Abs. 2 RPflG). § 652 Abs. 2 ZPO regelt die im Beschwerdeverfahren zulässigen Einwendungen. Als Beschwerdegründe für beide Parteien kommen nur die in § 648 Abs. 1 ZPO bezeichneten Einwendungen gegen eine unrichtige Berechnung des Unterhalts und die Unrichtigkeit der Kostenfestsetzung sowie der Einwand in Betracht, das Gericht habe

---
[332]) Vgl. Bundestags-Drucksache 13/7338 S. 42.

eine Einwendung im Sinne des § 648 Abs. 2 ZPO zu Unrecht als unzulässig behandelt. Andere Einwendungen können nur im Wege der Klage auf Abänderung (§ 654 ZPO) geltend gemacht werden.

8. Vaterschaftsfeststellung und vereinfachtes Verfahren

§ 653 ZPO behält die bisherige Möglichkeit (§ 643 ZPO a.F.) bei, den Kindschaftsprozeß mit einer Unterhaltsklage zu verbinden. Wird auf Klage des Kindes die Vaterschaft festgestellt, so hat das Gericht auf Antrag den Beklagten zugleich zu verurteilen, dem Kind Unterhalt in Höhe der Regelbeträge und gemäß den Altersstufen der Regelbetrag-Verordnung zu zahlen, § 653 Abs. 1 Satz 1 ZPO. Mit der Fassung der Vorschrift wird die Möglichkeit, den Vater mit der Feststellung der Vaterschaft zur Leistung von Unterhalt bis zur Höhe der Regelbeträge zu verurteilen, beibehalten; eine Erweiterung auf das Eineinhalbfache der Regelbeträge wurde nicht vorgesehen, da sie eine Mehrbelastung der Gerichte mit Abänderungsklagen zur Folge gehabt hätte[333]. Den Parteien bleibt wie bisher unbenommen, in einem gesonderten Klageverfahren nach § 654 ZPO eine andere Entscheidung zu verlangen.

264

§ 653 Abs. 1 Satz 2 ZPO gibt dem Kind die Möglichkeit, auch einen geringeren Unterhalt zu verlangen, wenn es davon ausgehen muß, daß der Unterhaltsverpflichtete den Unterhalt nicht in voller Höhe leisten kann. Hierdurch kann das Kind vermeiden, daß es bei einer Abänderungsklage des Verpflichteten kostenpflichtig unterliegt. Nach § 653 Abs. 1 Satz 3 ZPO können im übrigen Herabsetzung oder Erhöhung des Unterhalts in dem Verfahren nicht ausgesprochen werden, da eine gerichtliche Auseinandersetzung über den individuellen Unterhalt wenig sinnvoll erscheint, solange die Vaterschaft nicht rechtskräftig festgestellt ist.

265

Die Verurteilung zum Unterhalt ist eine unselbständige Ergänzung des Vaterschaftsfeststellungsurteils, die dessen Schicksal nicht nur hinsichtlich der Vollstreckbarkeit, sondern auch bei einer Überprüfung in der Rechtsmittelinstanz teilt. § 653 Abs. 2 ZPO setzt den Grundsatz des materiellen Rechts in das Verfahrensrecht um, nach

266

---

[333] Beschlußempfehlung und Bericht des Rechtsausschusses, Bundestags-Drucksache 13/9596 S. 37.

dem die Rechtsfolgen der Vaterschaft erst vom Zeitpunkt ihrer (rechtskräftigen) Feststellung an geltend gemacht werden können. Damit wurde die bisherige vollstreckungsrechtliche Sondervorschrift in § 704 Abs. 2 Satz 2 ZPO a.F. überflüssig.

9. Abänderung

267 Eine Abänderung von allen Unterhaltstiteln ist unter den Voraussetzungen des § 323 ZPO möglich. Daneben wurden für Unterhaltstitel, die im vereinfachten Verfahren erstellt wurden, mit den §§ 654 und 655 ZPO weitere Abänderungsmöglichkeiten geschaffen.

a) Abänderung nach § 323 ZPO

268 Grundsätzlich darf nach § 323 Abs. 3 ZPO das Urteil nur für die Zeit nach Erhebung der Klage abgeändert werden[334]. Der neue § 323 Abs. 3 Satz 2 ZPO lockert die Zeitschranke dieser Vorschrift, soweit nach den Vorschriften des Bürgerlichen Gesetzbuchs für die Vergangenheit erhöhter Unterhalt bereits vom Zeitpunkt einer Aufforderung zur Auskunftserteilung oder einer Mahnung des Verpflichteten bzw. von dem Ersten des Monats an, in den die bezeichneten Ereignisse fallen, verlangt werden kann (§ 1613 Abs. 1 BGB[335]). Andernfalls könnte der Anspruch für die Zeit vor Eintritt der Rechtshängigkeit nicht realisiert werden. Außerdem würde ein Hindernis zur außergerichtlichen Streitbeilegung bestehen bleiben, da sich der Unterhaltsberechtigte gegen eine hinhaltende Erfüllung der Auskunftspflicht durch rasche Erhebung der Abänderungsklage zur Wehr setzen müßte. Voraussetzung für eine Abänderung bleibt aber eine wesentliche Änderung derjenigen Verhältnisse, die für die Verurteilung maßgebend waren, § 323 Abs. 1 ZPO. Bei Schuldtiteln auf Unterhaltszahlungen, die gemäß § 655 ZPO abgeändert werden können, ist nach § 323 Abs. 5 ZPO die Abänderungsklage nur eingeschränkt möglich: Eine Abänderung ist nur zulässig, wenn eine Anpassung nach § 655 ZPO zu einem Unterhaltsbetrag führen würde, der wesentlich von dem Betrag abweicht, der der Entwicklung der beson-

---

[334] Kritisch zu dieser „eigenartigen" Vorschrift *Gottwald,* FamRZ 1996, 1090.
[335] Siehe oben Rz. 34 ff.

deren Verhältnisse der Parteien Rechnung trägt. Dies entspricht der bisherigen Rechtslage.

Der Bundesrat hatte - unter Nummer 5 und 6 seiner Stellungnahme zu den Änderungen des § 1613 Abs. 1 BGB und des § 323 Abs. 3 ZPO[336]) - um Prüfung gebeten, ob im Interesse der Vereinfachung der Unterhaltsverfahren und der Entlastung der Rechtspflege eine Abänderbarkeit des Urteils jeweils ab dem Ersten des Monats, in dem die Zustellung der Klage erfolgte, oder aber ab dem Ersten des darauf folgenden Monats zulässig sein sollte. Die Prüfung hat ergeben[337]), daß auf den Ersten des Monats, in den die in § 1613 Abs. 1 BGB genannten Ereignisse fallen, dann abgestellt werden kann, wenn der Unterhaltsanspruch zu diesem Zeitpunkt dem Grunde nach bereits bestanden hat. Hierdurch wird dem Anliegen des Bundesrats entsprochen, die Verfahren zu vereinfachen und die Gerichte von einer tageweisen Berechnung des Unterhalts soweit wie möglich zu entlasten. Die vom Rechtsausschuß dazu vorgenommene Ergänzung des § 1613 Abs. 1 BGB um einen Satz 2[338]) erleichtert den Gerichten die Berechnung zugleich in den Fällen der Abänderungsklage, da § 323 Abs. 3 Satz 2 ZPO - abweichend von der grundsätzlich erst ab Klagezustellung zulässigen Abänderung - ermöglicht, auf den nach dem materiellen Recht maßgebenden Zeitpunkt abzustellen.

269

b) Abänderung nach § 654 ZPO

Die von den Voraussetzungen des § 323 ZPO unabhängige Möglichkeit einer Korrektur durch Abänderungsklage (§ 654 ZPO), die bisher nur im Falle einer Verurteilung zur Leistung des Regelunterhalts in Verbindung mit dem die Vaterschaft eines nichtehelichen Kindes feststellenden Urteils gegeben war (§§ 643, 643 a ZPO a.F.), ist über diesen Fall hinaus auch für den Fall der Festsetzung des Unterhalts in dem - allen Kindern zugänglichen - vereinfachten Verfahren (§§ 645 bis 652 ZPO) gegeben.

270

---

[336]) Vgl. Bundestags-Drucksache 13/7338 S. 53 f.
[337]) Beschlußempfehlung und Bericht des Rechtsausschusses, Bundestags-Drucksache 13/9596 S. 35.
[338]) Beschlußempfehlung und Bericht des Rechtsausschusses, Bundestags-Drucksache 13/9596 S. 34, siehe oben Rz 37 .

Die bisherigen Regelungen über die Festsetzung des Regelunterhalts und dessen Änderung bei Vergleichen und vollstreckbaren Urkunden (§§ 642 c, 642 d ZPO a.F.) wurden nicht übernommen, da sie künftig keine Bedeutung mehr haben. Soweit in vor dem Inkrafttreten des Gesetzes errichteten Vergleichen und vollstreckbaren Urkunden die Verpflichtung, dem Kind Regelunterhalt zu zahlen, übernommen wurde, kann der Unterhalt übergangsweise noch nach den bisherigen Vorschriften festgesetzt werden (Artikel 5 § 2 Abs. 2 Nr. 2 KindUG).

c) Abänderung nach § 655 ZPO

271 § 655 ZPO betrifft die vereinfachte Abänderung von Unterhaltstiteln (Urteil, Beschluß, Urkunde) hinsichtlich der Festsetzung anzurechnender kindbezogener Leistungen[339]. Weil die nach §§ 1612 b oder 1612 d BGB auf den Unterhalt anzurechnenden Leistungen auch für die Zukunft mit ihrem Betrag festzulegen sind, wird ein vereinfachtes Abänderungsverfahren für den Fall vorgesehen, daß sich ein für die Berechnung des anzurechnenden Betrags maßgeblicher Umstand ändert und die Änderung nicht auf Gründen beruht, die in einem früheren Klageverfahren oder vereinfachten Festsetzungsverfahren hätten geltend gemacht werden können. Eine beachtliche Änderung wäre zum Beispiel bei einer Änderung der Höhe des Kindergeldes gegeben. Aber auch eine Dynamisierung der Regelbeträge kann in den Mangelfällen des § 1612 b Abs. 5 BGB[340] - weil es für die Ermittlung des anzurechnenden Betrages erheblich auf die Differenz zwischen geschuldetem Unterhalt und maßgeblichem Regelbetrag ankommt - ein für die Berechnung der nach §§ 1612 b, 1612 c BGB anzurechnenden kindbezogenen Leistungen maßgebender Umstand sein. In diesen Fällen soll die aufwendigere Abänderungsklage nicht betrieben werden müssen.

Beispiel: Wenn das Erst- und Zweitkindergeld auf 250 DM erhöht würde, könnten die Titel in Rz. 107 und 255 auf Antrag durch Beschluß dahingehend abgeändert werden, daß der Verpflichtete dem Kind K zum ersten eines jeden Monats Unterhalt zu zahlen hat in Höhe von:

1. vom 1. Juli 1998 bis 30. Juni 1999 310 DM (435 DM abzüglich 125 DM anzurechnendes Kindergeld);

---

[339] Vgl. dazu Rz. 118 ff.
[340] Vgl. dazu Rz. 164 ff.

2. vom 1. Juli 1999 bis zum 31. Dezember 2000 124,6 vom Hundert des jeweiligen Regelbetrages gem. § 1 Regelbetrag-Verordnung der Altersstufe eins abzüglich 125 DM anzurechnender Kindergeldanteil;

3. vom 1. Januar 2001 bis zum 31. Dezember 2006 124,6 vom Hundert des jeweiligen Regelbe trages gem. § 1 Regelbetrag-Verordnung der Altersstufe zwei abzüglich 125 DM anzurechnender Kindergeldanteil;

4. vom 1. Januar 2007 an 124,6 vom Hundert des jeweiligen Regelbetrages gem. § 1 Regelbetrag-Verordnung der Altersstufe drei abzüglich 125 DM anzurechnender Kindergeldanteil.

Die Abänderung ist nur für die Zeit nach Einreichung des Antrags möglich. Für den Fall, daß gleichzeitig ein Rechtsstreit nach § 323 ZPO oder § 654 ZPO anhängig ist, hat das Gericht nach Absatz 4 die Möglichkeit, das Abänderungsverfahren auszusetzen. In diesen Fällen muß damit gerechnet werden, daß die Änderung des Betrags der anzurechnenden Leistungen in dem Rechtsstreit mit berücksichtigt wird. Allerdings soll das Gericht auch von einer Aussetzung absehen können, was unter anderem dann in Betracht käme, wenn eine Klage nach § 323 ZPO oder § 654 ZPO keine hinreichenden Erfolgsaussichten bietet[341]).

10. Einstweiliger Rechtsschutz

272

Das Kindesunterhaltsgesetz führt zu zwei Änderungen im Bereich des einstweiligen Rechtsschutzes.

a) Einstweilige Anordnung

273

Im Zusammenhang mit der einstweiligen Anordnung nach § 641 d ZPO wurde die Provokationsmöglichkeit nach § 641 e Abs. 2 ZPO a.F. abgeschafft; bisher mußte das Gericht auf Antrag des Mannes, der rechtskräftig als Vater festgestellt, aber nicht zur Zahlung von Unterhalt verurteilt wurde, eine Frist bestimmen, innerhalb derer das Kind wegen seiner Unterhaltsansprüche die Klage zu erheben hatte. Hiermit wird gleichzeitig der einstweilige Rechtsschutz in Kindschaftssa-

---

[341]) Vgl. Bundestags-Drucksache 13/7338 S. 44.

chen der für Unterhaltssachen neu gefaßten (§ 644 ZPO) und der für Ehesachen geltenden (§ 620 f ZPO) Regelung angeglichen und vereinfacht. Der Rechtsschutz des Unterhaltspflichtigen, der sich gegen den Fortbestand der einstweiligen Anordnung zur Wehr setzen will, wird nicht beeinträchtigt. Ihm stehen insoweit die allgemeinen Rechtsbehelfe (negative Feststellungsklage, Vollstreckungsgegenklage) zur Verfügung[341a]).

274 Wurde in einem Rechtsstreit zur Feststellung des Bestehens der Vaterschaft der Unterhalt des Kindes durch einstweilige Anordnung geregelt und bestand diese im Zeitpunkt der rechtskräftigen Feststellung der Vaterschaft fort, so hatte das Gericht auf Antrag des Vaters nach bisherigem Recht (§ 641 e Abs. 2 ZPO a.F.) eine Frist zu bestimmen, innerhalb der das Kind wegen seines Unterhaltsanspruchs Klage erheben mußte, wenn es eine Aufhebung der Anordnung vermeiden wollte. Die Regelung ist durch Artikel 5 Nr. 7 des Gesetzes über die rechtliche Stellung der nichtehelichen Kinder[342]) im Hinblick auf den damals geltenden § 627 b Abs. 4 ZPO a.F. eingefügt worden, der für die einstweilige Unterhaltsregelung in Ehesachen eine entsprechende Vorschrift vorsah. Diese Vorschrift wurde jedoch im 1. EheRG nicht übernommen[343]). Ein besonderes Bedürfnis, das Kind in die Rolle des Klägers zu drängen und es anzuhalten, sich unverzüglich um einen endgültigen Unterhaltstitel zu bemühen, ist nach heutigem Verständnis nicht mehr zu erkennen[344]).

b) Einstweilige Verfügung

275 Nach § 1615 o Abs. 2 erster Halbsatz BGB kann durch einstweilige Verfügung angeordnet werden, daß der Mann, der die Vaterschaft anerkannt hat oder der nach § 1600 d Abs. 2 BGB als Vater vermutet wird, die nach § 1615 k BGB (Entbindungskosten) sowie die nach § 1615 l Abs. 1 BGB (Unterhalt für die Dauer von sechs Wochen vor und acht Wochen nach der Geburt) voraussichtlich zu leistenden Beträge an die Mutter zu zahlen hat. Durch die Beschränkung in § 1615 o Abs. 2 erster Halbsatz BGB auf Absatz 1 von § 1615 l BGB wird sowohl der Unterhalt für die Dauer von sechs Wochen vor als auch der Unterhalt für die Dauer von acht Wochen nach der Geburt des Kindes erfaßt. Dieser vorläufige Unterhaltsanspruch ist etwas länger als

---

[341a]) Vgl. Bundestags-Drucksache 13/7338 S. 34.
[342]) Vom 19. August 1969 (BGBl. I S. 1243).
[343]) Vgl. Bundestags-Drucksache V/3719 S. 41; 7/650 S. 202.
[344]) Vgl. Bundestags-Drucksache 13/7338 S. 34.

der des Kindes nach § 1615 o Abs. 1 Satz 1 BGB, ihm aber zeitlich weitgehend angenähert. Ein weiterer Vorteil besteht darin, daß für den Verfügungsanspruch einheitlich der Maßstab des § 1615 l Abs. 1 BGB gilt[345]).

Damit wurde die durch das KindRG[346]) bereits geänderte Fassung des § 1615 o Abs. 2 BGB verbessert: Der Zeitraum, für den Unterhalt durch einstweilige Verfügung verlangt werden konnte, wurde durch das KindRG auf drei Monate begrenzt; denn dieser Verfügungszeitraum sollte nicht länger sein als der, der nach § 1615 o Abs. 1 Satz 1 BGB für die einstweilige Verfügung zugunsten des Kindesunterhalts gilt, zumal das Kind im Gegensatz zur Mutter nicht einen zeitlich begrenzten Unterhaltsanspruch hat[347]).

276

§ 1615 o BGB in der Fassung des KindRG wies jedoch zwei Ungereimtheiten auf[348]): Zum einen wurde der vor der Geburt (für die Dauer von sechs Wochen) zu gewährende Unterhalt von der einstweiligen Verfügung nicht erfaßt. Wie der materielle Unterhaltsanspruch in § 1615 l Abs. 1 BGB zeigt, bedarf die Mutter aber gerade für die Zeit von sechs Wochen vor der Geburt der Unterstützung durch den Kindesvater. Die spätere Durchsetzung im Hauptverfahren dürfte zu spät kommen. Zum anderen unterlag der „für die ersten drei Monate nach der Geburt des Kindes zu leistende" Unterhalt zwei verschiedenen Voraussetzungen. Der für die Dauer von acht Wochen nach der Geburt des Kindes zu gewährende Unterhalt nach § 1615 l Abs. 1 BGB steht der Mutter ohne Nachweis besonderer zusätzlicher Voraussetzungen zu. Nach Ablauf von acht Wochen kommt ein weitergehender Unterhaltsanspruch nur in Betracht, wenn die zusätzlichen Voraussetzungen des § 1615 l Abs. 2 BGB (Außerstandesein, einer Erwerbstätigkeit nachzugehen) vorliegen. Es erschien wenig sinnvoll, daß das Familiengericht sich für den ohnehin schon sehr kurzen Zeitraum von drei Monaten mit unterschiedlichen Voraussetzungen befassen hätte müssen.

11. Vollstreckung über das achtzehnte Lebensjahr hinaus

Im vereinfachten Verfahren nach den §§ 645 bis 660 ZPO kann nur der Unterhalt eines minderjährigen Kindes tituliert werden. Soweit jedoch der Unterhaltsverpflichtete dem Kind nach Vollendung des achtzehnten Lebensjahres Unterhalt zu gewähren hat, kann gegen

277

---

[345]) Beschlußempfehlung und Bericht des Rechtsausschusses, Bundestags-Drucksache 13/9596 S. 34.
[346]) Artikel 1 Nr. 6 KindRG.
[347]) Vgl. Bundestags-Drucksache 13/4899 S. 90.
[348]) Vgl. *Greßmann*, Rz. 522; *Büdenbender*, ZZP 110, 33, 40 f.

den in einem Schuldtitel nach § 794 ZPO festgestellten Unterhaltsanspruch im Sinne des § 1612 a BGB nicht eingewendet werden, daß Minderjährigkeit nicht besteht, § 798 a ZPO. Damit wird dem Kind die Zwangsvollstreckung aus Unterhaltstiteln (Urteile, Festsetzungsbeschlüsse, Vergleiche, vollstreckbare Urkunden) über das achtzehnte Lebensjahr hinaus ermöglicht, soweit es vom Verpflichteten nach den Vorschriften des Bürgerlichen Rechts nach Eintritt der Volljährigkeit weiter Unterhalt verlangen kann. Insoweit ist die Vollstreckungsgegenklage (§ 767 bzw. §§ 795, 797 Abs. 3, 4 in Verbindung mit § 767 ZPO) ausgeschlossen. Die Möglichkeit der Korrektur des Titels über die Abänderungsklage bleibt unberührt[349]).

12. Kosten

a) Gerichtskostengesetz

278 Mit der Neuregelung des Kindesunterhalts soll unter anderem erreicht werden, daß künftig der Unterhaltsanspruch Minderjähriger bis weit in die Zukunft tituliert werden kann. Nach dem bisherigen § 17 Abs. 1 GKG a.F., der den Wert nach dem Jahresbetrag der geforderten Leistung bestimmt hat, hätte sich bei gestaffelten Beträgen die Frage gestellt, welcher Betrag für die Streitwertermittlung maßgeblich ist[350]). Zur Erleichterung und Vereinheitlichung der Wertberechnung richtet sich der Wert künftig in jedem Fall nach dem Betrag der Unterhaltsforderung für die ersten zwölf Monate nach Einleitung des gerichtlichen Verfahrens, jedoch nach dem Gesamtbetrag der geforderten Leistung, wenn diese niedriger ist, § 17 Abs. 1 Satz 1 GKG.

279 Da bei Unterhaltsansprüchen nach § 1612 a BGB der für die Entscheidung maßgebende Unterhalt bei Antragstellung oder Klageeinreichung in der Regel nicht bekannt ist, ist dem Wert nach § 17 Abs. 1 Satz 1 GKG der Monatsbetrag des Unterhalts nach dem Regelbetrag und der Altersstufe zugrunde zu legen, die im Zeitpunkt der Einreichung der Klage oder des Antrags maßgebend sind, § 17 Abs. 1 Satz 2 GKG.

---

[349]) Vgl. Bundestags-Drucksache 13/7338 S. 45.
[350]) Vgl. Bundestags-Drucksache 13/7338 S 47.

Da auch im vereinfachten Verfahren, das durch einen Antrag eingeleitet wird, Unterhaltsrückstände geltend gemacht werden können, sieht § 17 Abs. 4 Satz 3 GKG eine entsprechende Anwendung der Bestimmungen über die Berücksichtigung von Unterhaltsrückständen bei einer Klage (§ 17 Abs. 4 Satz 1 und 2 GKG) vor. **280**

Mit § 644 ZPO wird für die Familiensachen des § 621 Abs. 1 Nr. 4 und 5 ZPO die Möglichkeit einer einstweiligen Anordnung eingeräumt. Da das Gerichtskostengesetz für einstweilige Anordnungen, die eine Unterhaltspflicht betreffen, grundsätzlich eine Gerichtsgebühr vorsieht (Nr. 1701 und 1703 des Kostenverzeichnisses - KV), entsteht auch für die einstweilige Anordnung nach § 644 ZPO eine Gebühr. § 20 Abs. 2 Satz 1 GKG schafft eine einheitliche Wertvorschrift für alle einstweiligen Anordnungen, die eine Unterhaltspflicht zum Gegenstand haben; der Wert wird nach dem sechsmonatigen Bezug berechnet. **281**

Für die einstweilige Anordnung nach § 644 ZPO wurde mit Nummer 1704 ein neuer Gebührentatbestand geschaffen. Mit 0,5 entspricht die Höhe des Gebührensatzes demjenigen für sonstige einstweilige Anordnungen, die eine Unterhaltspflicht regeln (Nr. 1701 und 1703 KV). **282**

Ist ein Vollstreckungstitel nach § 655 Abs. 1 ZPO durch Beschluß abgeändert worden, können die Parteien innerhalb eines Monats seit der Zustellung des Beschlusses unter bestimmten Voraussetzungen die Abänderung des ergangenen Beschlusses im Wege der Klage verlangen (§ 656 ZPO). Die im Neufestsetzungsverfahren entstandenen Kosten werden als Teil der Kosten des nachfolgenden Rechtsstreit behandelt (§ 656 Abs. 3 ZPO). Deshalb war es sachgerecht, auch die bereits entstandene Gebühr voll auf die in dem Rechtsstreit zu erhebende Verfahrensgebühr (Nummer 1801) anzurechnen, Satz 2 der Anmerkung zu Nummer 1201 KV. **283**

Für die Entscheidung über einen Antrag auf Festsetzung von Unterhalt nach § 645 Abs. 1 ZPO - mit Ausnahme einer Festsetzung nach § 650 Satz 2 ZPO - wurde eine Wertgebühr mit einem Gebührensatz von 0,5 (Nummer 1800) eingeführt. Eine Wertgebühr war angebracht, weil das vereinfachte Verfahren - ähnlich wie das Mahnverfahren - zu einem Titel führt. **284**

Nummer 1801 KV sieht für Verfahren über den Antrag auf Abänderung eines Vollstreckungstitels nach § 655 Abs. 1 ZPO eine Festgebühr von 20 DM vor. Die in diesem Verfahren durchzuführende Ti- **285** telabänderung erfolgt aufgrund veränderter Umstände, die eine Neufestsetzung des Abzugsbetrags und damit des Unterhaltsbetrags erforderlich machen.

286 Entsprechend der neuen Gebührenregelung für das vereinfachte Verfahren auf Festsetzung von Unterhalt (Nummer 1800 KV) wird für das Beschwerdeverfahren nach § 652 ZPO ebenfalls eine Wertgebühr mit einem Gebührensatz von 0,5 eingeführt, Nummer 1905. Die für Beschwerdeverfahren bisher geltende Auffangvorschrift Nummer 1906 KV, die das Entstehen einer Gebühr davon abhängig macht, daß die Beschwerde verworfen oder zurückgewiesen wird, paßt nicht auf ein Beschwerdeverfahren, in dem über einen Streit zwischen den Parteien entschieden wird und eine Kostenentscheidung ergeht. Sowohl aus sozialpolitischen Gründen als auch wegen der nur begrenzten Überprüfung durch das Beschwerdegericht wird für das Beschwerdeverfahren keine höhere Gebühr als für das erstinstanzliche Verfahren vorgesehen.

287 Auch in Verfahren aufgrund einer Beschwerde gegen die Abänderung eines Vollstreckungstitels nach § 655 Abs. 1, 5 ZPO wird über einen Streit zwischen den Parteien entschieden, in ihnen ergeht eine Kostenentscheidung. Statt der Anwendung der bisherigen Auffangvorschrift - Nummer 1905 KV a.F. - wird ein eigener Gebührentatbestand geschaffen (Nummer 1906 KV). Die Höhe der Festgebühr von 50 DM orientiert sich an dem bisherigen Auffangtatbestand der Nummer 1905 KV.

b) Kostenordnung

288 Der Geschäftswert für Unterhaltsansprüche nach § 1612 a BGB bestimmt sich nach dem Betrag des einjährigen Bezugs, § 24 Abs. 4 Satz 1 KostO. Dem Wert nach Satz 1 ist der Monatsbetrag des Unterhalts nach dem Regelbetrag und der Altersstufe zugrunde zu legen, die im Zeitpunkt der Beurkundung maßgebend sind, § 24 Abs. 4 Satz 2 KostO.

289 Die Kostenordnung privilegierte schon bisher beim Geschäftswert für wiederkehrende oder dauernde Nutzungen oder Leistungen aus sozialpolitischen Gründen den Unterhaltsanspruch des nichtehelichen Kindes gegen seinen Vater durch Festsetzung des Wertes auf den einfachen Jahresbetrag, während im übrigen der fünffache Jahresbetrag (§ 24 Abs. 3 KostO) gilt. Die Regelung in § 24 Abs. 4 KostO folgt im übrigen § 17 Abs. 1 GKG, zumal die Gerichte Unterhaltsvereinbarungen beurkunden können und deshalb keine unterschiedlichen Wertbestimmungen gelten sollten[351]).

c) Bundesgebührenordnung für Rechtsanwälte

Die für alle Kinder einheitlichen Unterhaltsverfahren werden in einem neuen § 44 BRAGO geregelt, der die bisherigen §§ 43 a und 43 b BRAGO a.F. ersetzt. Der frühere § 44 BRAGO a.F. ist durch Artikel 7 § 28 des Betreuungsgesetzes[352]) aufgehoben worden.   **290**

Im vereinfachten Verfahren zur Festsetzung des Unterhalts nach § 645 Abs. 1 ZPO erhält der Rechtsanwalt eine volle Gebühr, § 44 Abs. 1 Nr. 1 BRAGO. Die Gebühr ist gerechtfertigt, da sich der Umfang der Tätigkeit und der Verantwortung des Rechtsanwalts entscheidend von den übrigen in der Vorschrift genannten Verfahren unterscheidet. Die Gebühr gilt die gesamte Tätigkeit ab, also auch die Prüfung von Einwendungen (§ 648 ZPO) und eine etwaige mündliche Verhandlung.   **291**

Im Verfahren der Abänderung eines Vollstreckungstitels nach § 655 Abs. 1 ZPO erhält der Rechtsanwalt - wie bisher im Vereinfachten Verfahren zur Abänderung von Unterhaltstiteln und im Verfahren über den Regelunterhalt nichtehelicher Kinder - fünf Zehntel der vollen Gebühr, § 44 Abs. 1 Nr. 2 BRAGO.   **292**

§ 44 Abs. 1 Satz 2 BRAGO entspricht - mit Ausnahme des Gebührensatzes - den bisherigen § 43 a Abs. 3 und § 43 b Abs. 2 BRAGO a.F. Statt einer Viertelgebühr ist nunmehr eine drei-Zehntel-Gebühr vorgesehen, da die BRAGO auch im übrigen grundsätzlich keinen geringeren Gebührensatz kennt.   **293**

§ 44 Abs. 2 BRAGO sieht die Anrechnung der Gebühren in einem nachfolgenden Rechtsstreit vor, wenn dieser als Fortsetzung des vereinfachten Verfahrens anzusehen ist. Hierdurch wird in diesen Fällen vermieden, daß ein vorgeschaltetes vereinfachtes Verfahren insbesondere für den Unterhaltsberechtigten zusätzliche Kosten verur-   **294**

---

[351]) Vgl. Bundestags-Drucksache 13/7338 S. 48.
[352]) Vom 12. September 1990, BGBl. I S. 2002.

sacht. Die Anrechnungsvorschrift entspricht dem Grundgedanken der bisherigen Anrechnungsvorschrift des § 43 a Abs. 2 BRAGO a.F., nach der die im Vereinfachten Verfahren zur Abänderung von Unterhaltstiteln nach den §§ 641 l bis 641 p, 641 r bis 641 t ZPO a.F. entstandene 5/10-Gebühr auf die Prozeßgebühr angerechnet wurde, wenn eine Klage nach § 641 q ZPO a.F. auf Abänderung des Festsetzungsbeschlusses erhoben wurde.

295   Für Verfahren über den Antrag auf Abänderung eines Vollstreckungstitels nach § 655 Abs. 1 ZPO ist eine Festgebühr für das gerichtliche Verfahren vorgesehen. Für dieses Verfahren fehlt es an einer konkreten Wertvorschrift für die Rechtsanwaltsgebühr; um zu vermeiden, daß es zu einer Anwendung von § 8 Abs. 2 BRAGO kommt, sieht § 44 Abs. 3 BRAGO die Anwendung des § 17 GKG vor[353]).

13. Vordrucke

296   § 659 Abs. 1 ZPO ermächtigt das Bundesministerium der Justiz mit Zustimmung des Bundesrats, durch Rechtsverordnung Vordrucke für die vereinfachten Verfahren des Zweiten Titels einzuführen. Durch einheitliche Vordrucke für die Anträge und für die Auskunft nach § 648 Abs. 2 ZPO soll eine einfache Überprüfung der Zulässigkeit der Anträge und der Vollständigkeit der Angaben ermöglicht werden. Der Vordruck für die Auskunftserteilung stellt sicher, daß alle wesentlichen Angaben zu den für die Unterhaltsbemessung wesentlichen Umständen gemacht werden und zu einer einheitlichen Verfahrenspraxis beitragen. Soweit Vordrucke eingeführt sind, sind die Parteien verpflichtet, diese Vordrucke zu verwenden, § 659 Abs. 2 ZPO. Sehen sie davon ab, sind ihre Anträge und Erklärungen als unzulässig zu behandeln[354]).

297   Die Inkrafttretensregelungen haben ein sofortiges Inkrafttreten der §§ 659, 660 ZPO (Verdruckermächtigung und Konzentrationsermächtigung) und ein späteres Inkrafttreten der übrigen Vorschriften (zum 1. Juli 1998) vorgesehen, Artikel 8 Abs. 1 KindUG, damit die

---

[353]) Vgl. Bundestags-Drucksache 13/7338 S. 49.
[354]) Vgl. Bundestags-Drucksache 13/7338 S. 44.

noch zu erlassenden Rechtsverordnungen gleichzeitig mit den übrigen Regelungen in Kraft treten können.

14. Konzentrationsermächtigung

§ 660 Abs. 1 Satz 1 ZPO sieht eine Ermächtigung vor, die es den Ländern ermöglicht, die vereinfachten Verfahren über den Unterhalt Minderjähriger durch Rechtsverordnung einem Amtsgericht für die Bezirke mehrerer Amtsgerichte zuzuweisen, wenn dies ihrer schnelleren und rationelleren Erledigung dient. Die Landesregierungen können die Ermächtigung durch Rechtsverordnung auf die Landesjustizverwaltungen übertragen, § 660 Abs. 1 Satz 2 ZPO.

298

> Mit diesem im Laufe des Gesetzgebungsverfahrens vorgetragenem Anliegen wird insbesondere einer Abwicklung der Verfahren im Freistaat Bayern Rechnung getragen, in dem aufgrund der bisherigen Ermächtigungen nach § 641 l Abs. 5, § 642 a Abs. 5 Satz 2 und § 642 b Abs. 1 Satz 3 ZPO a.F. die Verfahren zur Vereinfachten Abänderung von Unterhaltstiteln sowie zur Festsetzung und Neufestsetzung von Regelunterhalt bei einem zentralen Amtsgericht zur maschinellen Bearbeitung konzentriert sind[355]).

In Anlehnung an die Vorschriften des § 129 a ZPO und des § 91 SGG sieht § 660 Abs. 2 ZPO eine Regelung vor, die sicherstellt, daß dem Kind im Falle der Ausübung der Konzentrationsermächtigung durch ein Land nicht Nachteile dadurch entstehen, daß es sich nicht mehr an das Gericht seines allgemeinen Gerichtsstandes (§ 642 Abs. 1 ZPO), sondern an ein unter Umständen weit entferntes Gericht wenden muß. § 660 Abs. 2 ZPO ermöglicht es dem Kind, Anträge und Erklärungen bei seinem ortsnahen Wohnsitzgericht mit den gleichen materiell-rechtlichen und prozessualen Wirkungen (beispielsweise Verjährungsunterbrechung nach § 209 Abs. 2 Nr. 1 Buchstabe b BGB oder Fristwahrung durch Einreichung nach § 647 Abs. 2 i.V.m. § 270 Abs. 3 ZPO) einzureichen oder anzubringen wie bei dem Amtsgericht, dem die Verfahren nach der Rechtsverordnung der Landesregierung oder Landesjustizverwaltung zugewiesen sind[356]).

299

---

[355]) Beschlußempfehlung und Bericht des Rechtsausschusses, Bundestags-Drucksache 13/9596 S. 37.

[356]) Beschlußempfehlung und Bericht des Rechtsausschusses, Bundestags-Drucksache 13/9596 S. 37.

D. Unterhaltsvorschußgesetz

Das Unterhaltsvorschußgesetz (UVG) ist eine besondere Hilfe für Alleinerziehende. Es sichert bis zur Vollendung des zwölften Lebensjahres des Kindes Alleinerziehender für einen Zeitraum von insgesamt bis zu 6 Jahren einen Grundunterhalt in Höhe der Regelbeträge[357]) ab.

300

Wenn das berechtigte Kind für die Zeit, für die ihm Unterhaltsleistungen nach dem UVG gezahlt werden, einen Unterhaltsanspruch gegen den familienfernen Elternteil hat, geht dieser Anspruch nach § 7 Abs. 1 UVG auf das Land über. Die Ergänzungen des Unterhaltsvorschußgesetzes durch das Kindesunterhaltsgesetz betreffen in erster Linie die Durchsetzung dieses übergegangenen Unterhaltsanspruchs. Der Rückgriff beim Unterhaltsschuldner soll durch Verbesserung der Auskunftsrechte und Erweiterung der prozessualen Befugnisse erleichtert werden. Dies soll zur Erhöhung der Einnahmen von Bund und Ländern um jeweils 20 bis 30 Mio. DM jährlich sowie zur besseren Durchsetzung der Unterhaltsansprüche von Kindern Alleinerziehender führen[358]).

301

Daneben sieht das Kindesunterhaltsgesetz Folgeänderungen zu den Änderungen im materiellen Unterhaltsrecht (vgl. Teil B) und Anpassungen bezüglich des EU-Rechts vor.

302

I. Anspruchsberechtigung von Ausländern

Ausländer haben nach § 1 Abs. 2a UVG nur dann einen Anspruch auf Unterhaltsvorschußleistungen, wenn sie bzw. der Elternteil, bei dem sie leben (§ 1 Abs. 1 Nr. 2 UVG) im Besitz einer Aufenthaltsberechtigung oder Aufenthaltserlaubnis sind.

303

---

[357]) Vgl. Rz. 73 ff.
[358]) Bundestags-Drucksache 13/7338 S. 45.

304 Durch das Kindesunterhaltsgesetz wird mit den neuen Sätzen 2 und 3 des § 1 Abs. 2a UVG klargestellt, daß (wie bisher) der Anspruch auf Unterhaltsvorschußleistung mit dem Ausstellungsdatum der Aufenthaltsberechtigung oder der Aufenthaltserlaubnis bzw. (neu) für Angehörige eines Mitgliedstaates der Europäischen Union oder eines anderen Vertragsstaates des Abkommens über den Europäischen Wirtschaftsraum mit **Beginn des Aufenthaltsrechts** beginnt. Die Neuregelung dient in erster Linie der Klarstellung der Rechtslage für Bürger von EU-Staaten und entspricht der bisherigen Verwaltungspraxis. Die bisherige Regelung knüpft die Anspruchsberechtigung eines Ausländers konstitutiv an den Besitz eines Dokumentes der Aufenthaltsberechtigung oder der Aufenthaltserlaubnis. Darin sieht die Europäische Kommission einen Verstoß gegen das Diskriminierungsverbot des Artikels 6 des EG-Vertrages. Die Vorlage eines Dokumentes der Aufenthaltsberechtigung oder der Aufenthaltserlaubnis darf nur zu Nachweiszwecken, nicht jedoch als anspruchsbegründende Voraussetzung für den Leistungsbezug normiert werden. Deshalb stellt die Neuregelung klar, daß für Angehörige eines Mitgliedstaates der Europäischen Union oder eines Mitgliedstaates, auf den das Abkommen über den Europäischen Wirtschaftsraum Anwendung findet, der Leistungsanspruch nicht erst mit dem Ausstellungsdatum der Aufenthaltsberechtigung entsteht, sondern rückwirkend mit dem Beginn des Aufenthaltsrechts. Damit soll vermieden werden, daß die Europäische Kommission ein Vertragsverletzungsverfahren einleitet[359]).

II. Dynamisierung der Leistungen

305 § 2 Abs. 1 Satz 1 UVG wurde dahingehend geändert, daß die Unterhaltsleistungen monatlich in Höhe der für Kinder der ersten und zweiten Altersgruppe gemäß §§ 1 (für in den alten Bundesländer lebende Kinder) oder 2 (für in den neuen Bundesländer lebende Kinder) der Regelbetrag-Verordnung jeweils geltenden Regelbeträge[360]) gezahlt werden. Da die Regelbeträge gemäß § 1612 a Absatz 4 BGB kraft Gesetzes alle zwei Jahre - erstmals zum 1. Juli 1999 - durch

---

[359]) Beschlußempfehlung und Bericht des Rechtsausschusses, Bundestags-Drucksache 13/9596 S. 38.
[360]) Vgl. Rz. 73 ff.

Rechtsverordnung des Bundesministeriums der Justiz entsprechend der Nettolohnentwicklung dynamisiert werden[361]), werden auch die Unterhaltsvorschußleistungen im Zweijahresrhythmus der Nettolohnentwicklung angepaßt, ohne daß hierfür besondere Rechtsetzungsverfahren erforderlich wären.

III. Verbesserung des Rückgriffs

Die Verbesserung des Rückgriffs beim barunterhaltspflichtigen Elternteil soll durch erweiterte Auskunftsmöglichkeiten, die erleichterte zivilrechtliche Durchsetzung des übergegangenen Unterhaltsanspruchs und die Ermöglichung der Rückübertragung des übergegangenen Unterhaltsanspruchs zur gerichtlichen Geltendmachung erreicht werden. Entsprechende Regelungen sieht das Kindesunterhaltsgesetz durch Änderung des § 94 SGB VIII auch für den Bereich der Kinder- und Jugendhilfe vor[362]). 306

§ 7 Abs. 3 Satz 1 UVG stellt nunmehr für die mit dem Rückgriff betrauten Stellen ausdrücklich klar, daß die übergegangenen Unterhaltsansprüche rechtzeitig und vollständig nach den Bestimmungen des Haushaltsrechts[363]) durchzusetzen sind. Der Hinweis auf das Haushaltsrecht betrifft insbesondere die dort geregelten Bereiche Durchsetzung, Stundung, Erlaß oder Niederschlag von Unterhaltsansprüchen (z. B. §§ 19, 31 Haushaltsgrundsätzegesetz). 307

1. Verbesserte Auskunftsmöglichkeiten

Gemäß § 6 Abs. 2 S. 2 UVG sind nunmehr auch **Versicherungsunternehmen** auf Verlangen der zuständigen Stellen verpflichtet, Auskünfte über den Wohnort und über die Höhe von Einkünften des barunterhaltspflichtigen Elternteils zu erteilen. Damit werden neben dem familienfernen Elternteil und dessen Arbeitgeber auch Versicherungsunternehmen in den Kreis der zur Auskunft Verpflichteten einbezogen. Dies entspricht der Regelung des § 643 Abs. 2 Nr. 1 Buch- 308

---

[361]) Vgl. Rz. 79 ff.
[362]) Art. 4 Abs. 11 Nr. 4 KindUG.
[363]) Vgl. dazu Nr. 7.10 ff. der Durchführungsrichtlinien, bei *Scholz*, UVG § 7 Rz. 14.

stabe d ZPO[364]). Insbesondere aufgrund der Erfassung privater Kapitallebensversicherungen ist eine Erhöhung der Rückgriffsquote zu erwarten.

309　Ebenfalls der Verbesserung des Rückgriffs dient der neue § 6 Abs. 5 UVG. Dieser bestimmt nunmehr ausdrücklich, daß die nach § 69 SGB X zur Auskunft befugten Sozialleistungsträger und anderen Stellen verpflichtet sind, der zuständigen Stelle auf Verlangen Auskünfte über den Wohnort und die Höhe der Einkünfte des barunterhaltspflichtigen Elternteils zu erteilen. Die Regelung schafft über die bisher schon bestehende **Befugnis** nach § 69 SGB X hinaus auch die **Verpflichtung** für Sozialleistungsträger und andere Stellen, die erforderlichen Auskünfte an die UVG-Behörden zu erteilen. Denn trotz der entsprechenden Befugnis sind diese Stellen bisher teilweise gar nicht oder nur unvollständig den Auskunftsersuchen der UVG-Behörden nachgekommen[365]).

2. Zivilrechtliche Durchsetzung des übergegangenen Unterhaltsanspruchs

310　In § 7 Abs. 1 Satz 1 UVG wird nunmehr - entsprechend der Regelung in § 91 Abs. 1 Satz 1 BSHG - vorgesehen, daß der Unterhaltsanspruch des Kindes in Höhe der Unterhaltsvorschußleistung **zusammen mit dem unterhaltsrechtlichen Auskunftsanspruch** gemäß § 1605 BGB auf das Land übergeht. Damit wird den mit der Durchsetzung von Rückgriffansprüchen nach § 7 UVG befaßten Stellen die Möglichkeit eröffnet, den Unterhaltsschuldner zivilrechtlich auf Auskunftserteilung in Anspruch zu nehmen bzw. im Wege der Stufenklage vorzugehen. Dadurch werden nachteilige Kostenfolgen für den Fall, daß sich erst im Rahmen des Rechtsstreits die Leistungsunfähigkeit des in Anspruch genommenen Elternteils herausstellt, vermieden.

311　Die ausdrückliche Bestimmung, daß der unterhaltsrechtliche Auskunftsanspruch - ungeachtet des auch weiterhin bestehenden öffentlich-rechtlichen Auskunftsanspruchs gem. § 6 UVG - übergeht, wurde als erforderlich angesehen, weil die Rechtsprechung bislang den mit

---

[364]) Vgl. Rz. 203.
[365]) Vgl. Bundestags-Drucksache 13/7338 S. 45.

der Durchsetzung des Rückgriffsanspruchs befaßten Stellen den zivilrechtlichen Auskunftsanspruch und damit auch die Möglichkeit der Stufenklage im Hinblick auf den öffentlich-rechtliche Auskunftsanspruch aus § 6 UVG versagte[366]).

Daß nunmehr aufgrund der Neuregelungen des Kindesunterhaltsgesetzes auch die UVG-Behörden den übergegangenen Unterhaltsanspruch des Kindes im vereinfachten Verfahren über den Unterhalt Minderjähriger[367]) verfolgen können (vgl. § 646 Abs. Nr. 10 ZPO[368])), relativiert allerdings die Notwendigkeit der Ermöglichung der Stufenklage. **312**

Eine deutliche Erleichterung der prozessualen Durchsetzung des übergegangenen Unterhaltsanspruchs wird dadurch herbeigeführt, daß das Land gem. § 7 Abs. 4 Satz 1 UVG (entsprechend § 91 Abs. 3 Satz 2 BSHG) jetzt bis zur Höhe der vorherigen monatlichen Aufwendungen auch auf **künftige Leistungen** klagen kann, wenn die Unterhaltsleistung voraussichtlich auf längere Zeit gewährt werden muß. Bisher war eine Klage gegen den Unterhaltsschuldner nur für vergangene Zeiträume möglich. **313**

3. Rückübertragung des übergegangenen Unterhaltsanspruchs

Schließlich kann das Land den auf ihn übergegangenen Unterhaltsanspruch des Kindes im Einvernehmen mit dem Unterhaltsleistungsempfänger nunmehr gemäß § 7 Abs. 4 Satz 2 UVG (entsprechend § 91 Abs. 4 Satz 1 BSHG) auf diesen zur gerichtlichen Geltendmachung rückübertragen und sich den geltend gemachten Unterhaltsanspruch abtreten lassen. Damit wird die bisherige Rechtsprechung korrigiert, die überwiegend die Rückübertragung des Unterhaltsanspruchs zur gerichtlichen Durchsetzung für nicht zulässig erklärt hat[369]). Dies hat zu einer spürbaren Verwaltungsmehrbelastung geführt. Eine Rückübertragung kann aus Gründen der Prozeßökonomie sowie zur besseren Durchsetzbarkeit des Anspruchs nach § 7 UVG im Einzelfall zweckmäßig sein. **314**

---

[366]) BGH FamRZ 1986, 568; OLG Frankfurt, FamRZ 1994, 1427; vgl. Bundestags-Drucksache 13/9596 S. 38.
[367]) Vgl. Rz. 217 ff.
[368]) Vgl. Rz. 227.
[369]) Grundsätzlich BGH FamRZ 1996, 1203; vgl. auch *Scholz*, UVG § 7 Rz. 12.

315 Die Rückübertragung zur gerichtlichen Geltendmachung umfaßt auch die **Vollstreckung** des erwirkten Unterhaltstitels. Eine entsprechende Auslegung kann sich auf § 209 Abs. 2 Nr. 5 BGB stützen, nach dem der Erhebung der Klage die Vornahme einer Vollstreckungshandlung gleichsteht[370]).

316 Kosten, mit denen der Unterhaltsleistungsempfänger durch die gerichtliche Geltendmachung des rückübertragenen Anspruchs selbst belastet wird, sind gemäß § 7 Abs. 5 S. 3 UVG (entsprechend § 91 Abs. 4 Satz 2 BSGH) vom Land zu übernehmen. Dadurch wird verhindert, daß der Unterhaltsleistungsempfänger infolge der Rückübertragung mit zusätzlichen Kosten belastet wird. Die Formulierung „dadurch selbst belastet wird" soll sicherstellen, daß sich Dritte, insbesondere auch andere vorrangige Leistungsbereiche wie z. B. die Prozeßkostenhilfe, nicht darauf berufen können, daß die UVG-Behörde (das Land) nachrangig die Kosten übernehmen kann[371]). Bei Vorliegen der sonstigen Voraussetzungen ist also nach dem Willen des Gesetzgebers auch zur Durchsetzung des rückübertragenen Unterhaltsanspruchs Prozeßkostenhilfe zu gewähren.

---

[370]) Dementsprechend wird der Begriff der „gerichtlichen Geltendmachung" in § 1002 BGB dahingehend ausgelegt, daß er auch die Vollstreckungshandlungen umfasse, vgl. *Palandt/Bassenge* § 1002 Rz. 1.
[371]) Bundestags-Drucksache 13/7338 S. 46.

E. Übergangsvorschriften

Die Übergangsvorschriften zum KindUG finden sich in dessen Artikel 5. Sie enthalten Regelungen über die Dynamisierung der Regelbeträge im Beitrittsgebiet (§ 1), anhängige Verfahren (§ 2), Abänderung bestehender Verfahren (§ 3) sowie die durch die Abänderung entstehenden Kosten (§ 4).

I. Dynamisierung der Regelbeträge im Beitrittsgebiet

Nach Artikel 5 § 1 Satz 1 KindUG gilt im Beitrittsgebiet[372]) die Dynamisierungsvorschrift des § 1612 a Abs. 4 BGB bis zu dem Zeitpunkt, in dem die neuen Regelbeträge die für das Gebiet der Bundesrepublik Deutschland nach dem Stand bis zum 3. Oktober 1990 festgestellten Regelbeträge übersteigen würden, mit der Maßgabe, daß von den Vomhundertsätzen nach § 255 a Abs. 2 SGB VI ausgegangen wird. Ab diesem Zeitpunkt gelten die Regelbeträge nach § 1 der Regelbetrag-Verordnung auch im Beitrittsgebiet, Artikel 5 § 1 Satz 2 KindUG.

Allerdings konnte - ebenso wie in § 1612 a Abs. 4 BGB für die alten Bundesländer - wegen der Einführung eines demographischen Faktors in die Rentenformel für die Anpassungsfaktoren nicht mehr auf die Rentenentwicklung zurückgegriffen werden. Deshalb mußte auch für das Gebiet der neuen Länder die Anpassung so erfolgen, wie sich dort die Renten ohne die Berücksichtigung der Veränderung der Belastung der Renten und der Veränderung der durchschnittlichen Lebenserwartung der 65jährigen entwickelt hätten. Dies gilt aber nur solange, bis die Regelbeträge in den neuen Ländern das Niveau der für die alten Länder festgesetzten überschreiten würden[373]). Ab diesem Zeitpunkt gelten die Regelbeträge des § 1 Regelbetrag-Ver-

---

[372]) In Artikel 3 des Einigungsvertrages genanntes Gebiet.
[373]) Vgl. Beschlußempfehlung und Bericht des Rechtsausschusses, Bundestags-Drucksache 13/9596 S. 9596 S. 39.

ordnung im gesamten Bundesgebiet und werden entsprechend der Dynamisierungsregel des § 1612 a Abs. 4 BGB fortgeschrieben.

II. Anhängige Verfahren

320 Artikel 5 § 2 KindUG sieht Übergangsbestimmungen für gerichtliche Verfahren vor, die im Zeitpunkt des Inkrafttretens dieses Gesetzes zum 1. Juli 1998 anhängig oder den im Zeitpunkt des Inkrafttretens anhängigen Verfahren gleichzustellen sind.

321 Nach Artikel 5 § 2 Abs. 1 KindUG gilt für anhängige Verfahren, die die gesetzliche Unterhaltspflicht eines Elternteils oder beider Elternteile gegenüber einem minderjährigen Kind betreffen, folgendes:

322 • Das vor dem 1. Juli 1998 geltende Verfahrensrecht bleibt maßgebend, soweit die Nummern 2 und 3 nichts Abweichendes bestimmen. Die neu geordneten und geänderten Vorschriften über das gerichtliche Verfahren sind danach grundsätzlich erst in Verfahren anzuwenden, die nach dem Inkrafttreten des KindUG am 1. Juli 1998 anhängig werden. In anhängigen Rechtsstreitigkeiten, die einen Antrag auf Stundung oder Erlaß rückständigen Unterhalts zum Gegenstand haben (§ 1615 i BGB a.F.), kann dieser Antrag in einen entsprechenden Klageantrag oder Antrag auf Abänderung der Klage geändert werden, da nach der Neufassung des § 1613 Abs. 3 BGB die bisherige Gestaltungsbefugnis des Gerichts mit dem Inkrafttreten des KindUG entfällt[374].

323 • Eine vor dem 1. Juli 1998 geschlossene mündliche Verhandlung ist auf Antrag wieder zu eröffnen. Damit wird den Parteien in anhängigen Rechtsstreitigkeiten über den Unterhalt eines minderjährigen Kindes Gelegenheit gegeben, ihre Anträge schon in diesem Rechtsstreit auf das neue materielle Unterhaltsrecht umzustellen[375].

324 • In einem Vereinfachten Verfahren zur Abänderung von Unterhaltstiteln (§§ 641 l bis 641 t ZPO a.F.) und in einem Verfahren zur Festsetzung oder Neufestsetzung von Regelunterhalt (§§ 642 a, 642 b ZPO a.F.) kann ein Antrag nach Artikel 5 § 3 KindUG gestellt werden, über den gleichzeitig oder im An-

---

[374] Vgl. Bundestags-Drucksache 13/7338 S. 50.
[375] Vgl. Bundestags-Drucksache 13/7338 S. 50.

schluß an die Entscheidung über den das Verfahren einleitenden Antrag entschieden wird. Dies ermöglicht, daß schon in diesen Verfahren eine Umstellung des Titels auf die Regelbeträge des § 1612 a Abs. 2, 3 BGB in einem mit ihnen nach Artikel 5 § 3 KindUG verbundenen Verfahren vorgenommen werden kann.

Artikel 5 § 2 Abs. 2 KindUG stellt die folgenden nach dem 1. Juli 1998 anhängig werdenden Verfahren den Verfahren nach Artikel 5 § 2 Abs. 1 KindUG gleich: **325**

- Abänderungsklagen nach den §§ 641 q, 643 a ZPO a.F., die nach diesem Zeitpunkt, aber vor Ablauf der nach diesen Vorschriften maßgebenden Fristen anhängig werden; **326**

- Vereinfachte Verfahren zur Abänderung von Unterhaltstiteln und Verfahren zur Festsetzung oder Neufestsetzung von Regelunterhalt (§§ 641 l bis 641 t, 642 a, 642 b ZPO a.F.), in denen eine Anpassung, Festsetzung oder Neufestsetzung aufgrund einer Rechtsverordnung nach den §§ 1612 a, 1615 f BGB a.F. oder Artikel 234 §§ 8, 9 EGBGB a.F. begehrt wird. **327**

Durch die Einbeziehung der Vereinfachten Verfahren zur Abänderung von Unterhaltstiteln und Verfahren zur Festsetzung oder Neufestsetzung von Regelunterhalt in Artikel 5 § 2 Abs. 2 Nr. 2 KindUG soll es dem Kind ermöglicht werden, vor einer Umstellung des Titels (gemäß Artikel 5 § 3 KindUG) **328**

- eine bisher unterbliebene Anpassung an eine Anpassungsverordnung des bisherigen Rechts nach § 1612 a BGB, Artikel 234 § 8 EGBGB,

- eine Festsetzung des Regelunterhalts aufgrund einer Verurteilung (§§ 642, 642 d, 643 ZPO a.F.) oder Verpflichtung (§§ 642 c, 642 d ZPO a.F.) nach den maßgebenden Regelbedarfssätzen des bisherigen Rechts,

- eine bisher unterbliebene Neufestsetzung des Regelunterhalts aufgrund der nach § 1615 f BGB a.F., Artikel 234 § 9 EGBGB a.F. ergangenen Anpassungsverordnung zur Regelunterhaltsverordnung

nachzuholen[376].

---

[376] Vgl. Bundestags-Drucksache 13/7338 S. 50.

329 Die Zuständigkeit des Rechtspflegers nach § 20 Nr. 10 Buchstabe c RPflG betrifft lediglich Verfahren nach Artikel 5 § 2 Nr. 2 und § 3 KindUG; die Verweisung erstreckt sich nicht auf Artikel 5 Abs. 2 Nr. 1 KindUG. Durch § 20 Nr. 10 Buchstabe c RPflG werden Verfahren nach Artikel 5 Abs. 2 KindUG übertragen. Für Abänderungsklagen nach den §§ 641 q und 643 a ZPO a.F. bestimmt Artikel 5 § 2 Abs. 2 Nr. 1 KindUG lediglich, daß das bisher geltende Verfahrensrecht weiterhin Anwendung findet; dabei handelt es sich jedoch nicht um Verfahren nach den Übergangsvorschriften.

III. Abänderung bestehender Schuldtitel

330 Artikel 5 § 3 KindUG sieht ein vereinfachtes gerichtliches Verfahren zur Umstellung von Alttiteln über Kindesunterhalt auf den neuen Regelunterhalt nach den §§ 1612 a bis 1612 c BGB vor.

331 Urteile, Beschlüsse und andere Schuldtitel im Sinne des § 794 ZPO, in denen Unterhaltsleistungen für ein minderjähriges Kind nach dem vor dem 1. Juli 1998 geltenden Recht zuerkannt, festgesetzt oder übernommen sind, können auf Antrag für die Zeit nach der Antragstellung in einem vereinfachten Verfahren durch Beschluß dahin abgeändert werden, daß die Unterhaltsrente in Vomhundertsätzen der nach den §§ 1 und 2 der Regelbetrag-Verordnung geltenden Regelbeträge der einzelnen Altersstufen festgesetzt wird, Artikel 5 § 3 Satz 1 KindUG. Die Rundungsvorschrift des § 1612 a BGB ist dabei entsprechend anzuwenden, Artikel 5 § 3 Satz 2 KindUG. Für die Festsetzung ist die bisherige Unterhaltsrente um angerechnete Leistungen im Sinne der §§ 1612 b, 1612 c BGB zu erhöhen, Artikel 5 § 3 Satz 3 KindUG. Der Betrag der anzurechnenden Leistungen ist in dem Beschluß festzulegen, Artikel 5 § 3 Satz 4 KindUG. Nach Artikel 5 § 3 Satz 5 KindUG unterbleibt seine Hinzurechnung und Festlegung, wenn sich aus dem abzuändernden Titel nicht ergibt, in welcher Höhe die Leistungen bei der Bemessung des Unterhalts angerechnet worden sind.

332 Dieses Abänderungsverfahren wird weitgehend durch eine Verweisung auf Vorschriften des neuen vereinfachten Verfahrens zur Festsetzung von Regelunterhalt geregelt; eine Überleitung in ein streitiges Verfahren (§ 651 ZPO) ist nicht möglich. Auf das Abänderungsverfahren nach Artikel 5 § 3 KindUG sind die §§ 642, 645 Abs. 1, §§ 646 bis 648 Abs. 1, 3, §§ 649, 652, 654, 657 bis 660, 794 Abs. 1 Nr. 2 a, §§ 798, 798 a ZPO entsprechend anzuwenden mit der Maßgabe, daß

- in dem Antrag zu erklären ist, ob ein Verfahren nach Artikel 5 § 2 KindUG anhängig ist;
- das Gericht, wenn ein solches Verfahren gleichzeitig anhängig ist, bis zu dessen Erledigung das Verfahren über den Antrag nach Artikel 5 § 3 Abs. 1 KindUG aussetzen kann.

Durch den Rechtsausschuß wurde die Aufzählung der Vorschriften, die in dem vereinfachten Verfahren zur Dynamisierung der Alttitel entsprechend anzuwenden sind, um die §§ 657 bis 660 ZPO ergänzt, damit auch in diesen Verfahren die Erklärung von Anträgen und Erklärungen zu Protokoll der Geschäftsstelle (§ 657 ZPO), die maschinelle Bearbeitung (§ 658 ZPO), die Einführung von Vordrucken (§ 659 ZPO) und eine Konzentration der Verfahren (§ 660 ZPO) möglich ist[377]).

333

IV. Kosten

Für die Verfahren nach Artikel 5 § 3 Abs. 1 KindUG wird für die erste Instanz eine Festgebühr von 20 DM, für das Verfahren der sofortigen Beschwerde eine Gebühr von 50 DM erhoben, Artikel 5 § 4 Abs. 1 KindUG. Für den Rechtsanwalt - ist wie in vergleichbaren Fällen - eine 5/10-Gebühr vorgesehen, Artikel 5 § 4 Abs. 2 KindUG. Der Gegenstandswert ergibt sich aus § 8 BRAGO i. V. m. § 18 Abs. 2, § 24 KostO nach einem eventuellen Unterschiedsbetrag zwischen dem bisherigen und dem neuen Titel[378]).

334

---

[377]) Vgl. Beschlußempfehlung und Bericht des Rechtsausschusses, Bundestags-Drucksache 13/9596 S. 9596 S. 39.
[378]) Vgl. Bundestags-Drucksache 13/7338 S. 50.

Anhang:

Gesetzestexte in der Fassung des Kindesunterhaltsgesetzes

A. Bürgerliches Gesetzbuch
(Auszug)

Dritter Titel
Unterhaltspflicht

I. Allgemeine Vorschriften

§ 1601

Verwandte in gerader Linie sind verpflichtet, einander Unterhalt zu gewähren.

§ 1602

(1) Unterhaltsberechtigt ist nur, wer außerstande ist, sich selbst zu unterhalten.

(2) Ein minderjähriges unverheiratetes Kind kann von seinen Eltern, auch wenn es Vermögen hat, die Gewährung des Unterhalts insoweit verlangen, als die Einkünfte seines Vermögens und der Ertrag seiner Arbeit zum Unterhalt nicht ausreichen.

§ 1603

(1) Unterhaltspflichtig ist nicht, wer bei Berücksichtigung seiner sonstigen Verpflichtungen außerstande ist, ohne Gefährdung seines angemessenen Unterhalts den Unterhalt zu gewähren.

(2) Befinden sich Eltern in dieser Lage, so sind sie ihren minderjährigen unverheirateten Kindern gegenüber verpflichtet, alle verfügbaren Mittel zu ihrem und der Kinder Unterhalt gleichmäßig zu verwenden. Den minderjährigen unverheirateten Kindern stehen volljährige unverheiratete Kinder bis zur Vollendung des 21. Lebensjahres gleich, solange sie im Haushalt der Eltern oder eines Elternteils leben und sich in der

allgemeinen Schulausbildung befinden. Diese Verpflichtung tritt nicht ein, wenn ein anderer unterhaltspflichtiger Verwandter vorhanden ist; sie tritt auch nicht ein gegenüber einem Kind, dessen Unterhalt aus dem Stamm seines Vermögens bestritten werden kann.

§ 1604

Besteht zwischen Ehegatten Gütergemeinschaft, so bestimmt sich die Unterhaltspflicht des Mannes oder der Frau Verwandten gegenüber so, wie wenn das Gesamtgut dem unterhaltspflichtigen Ehegatten gehörte. Sind bedürftige Verwandte beider Ehegatten vorhanden, so ist der Unterhalt aus dem Gesamtgut so zu gewähren, wie wenn die Bedürftigen zu beiden Ehegatten in dem Verwandtschaftsverhältnis ständen, auf dem die Unterhaltspflicht des verpflichteten Ehegatten beruht.

§ 1605

(1) Verwandte in gerader Linie sind einander verpflichtet, auf Verlangen über ihre Einkünfte und ihr Vermögen Auskunft zu erteilen, soweit dies zur Feststellung eines Unterhaltsanspruchs oder einer Unterhaltsverpflichtung erforderlich ist. Über die Höhe der Einkünfte sind auf Verlangen Belege, insbesondere Bescheinigungen des Arbeitgebers, vorzulegen. Die §§ 260, 261 sind entsprechend anzuwenden.

(2) Vor Ablauf von zwei Jahren kann Auskunft erneut nur verlangt werden, wenn glaubhaft gemacht wird, daß der zur Auskunft Verpflichtete später wesentlich höhere Einkünfte oder weiteres Vermögen erworben hat.

§ 1606

(1) Die Abkömmlinge sind vor den Verwandten der aufsteigenden Linie unterhaltspflichtig.

(2) Unter den Abkömmlingen und unter den Verwandten der aufsteigenden Linie haften die näheren vor den entfernteren.

(3) Mehrere gleich nahe Verwandte haften anteilig nach ihren Erwerbs- und Vermögensverhältnissen. Der Elternteil, der ein minderjähriges unverheiratetes Kind betreut, erfüllt seine Verpflichtung, zum Unterhalt des Kindes beizutragen, in der Regel durch die Pflege und die Erziehung des Kindes.

§ 1607

(1) Soweit ein Verwandter auf Grund des § 1603 nicht unterhaltspflichtig ist, hat der nach ihm haftende Verwandte den Unterhalt zu gewähren.

(2) Das gleiche gilt, wenn die Rechtsverfolgung gegen einen Verwandten im Inland ausgeschlossen oder erheblich erschwert ist. Der Anspruch gegen einen solchen Ver-

wandten geht, soweit ein anderer nach Absatz 1 verpflichteter Verwandter den Unterhalt gewährt, auf diesen über.

(3) Der Unterhaltsanspruch eines Kindes gegen einen Elternteil geht, soweit unter den Voraussetzungen des Absatzes 2 Satz 1 an Stelle des Elternteils ein anderer, nicht unterhaltspflichtiger Verwandter oder der Ehegatte des anderen Elternteils Unterhalt leistet, auf diesen über. Satz 1 gilt entsprechend, wenn dem Kind ein Dritter als Vater Unterhalt gewährt.

(4) Der Übergang des Unterhaltsanspruchs kann nicht zum Nachteil des Unterhaltsberechtigten geltend gemacht werden.

§ 1608

Der Ehegatte des Bedürftigen haftet vor dessen Verwandten. Soweit jedoch der Ehegatte bei Berücksichtigung seiner sonstigen Verpflichtungen außerstande ist, ohne Gefährdung seines angemessenen Unterhalts den Unterhalt zu gewähren, haften die Verwandten vor dem Ehegatten. § 1607 Abs. 2 und 4 gilt entsprechend.

§ 1609

(1) Sind mehrere Bedürftige vorhanden und ist der Unterhaltspflichtige außerstande, allen Unterhalt zu gewähren, so gehen die Kinder im Sinne des § 1603 Abs. 2 den anderen Kindern, die Kinder den übrigen Abkömmlingen, die Abkömmlinge den Verwandten der aufsteigenden Linie und unter den Verwandten der aufsteigenden Linie die näheren den entfernteren vor.

(2) Der Ehegatte steht den Kindern im Sinne des § 1603 Abs. 2 gleich; er geht anderen Kindern und den übrigen Verwandten vor. Ist die Ehe geschieden oder aufgehoben, so geht der unterhaltspflichtige Ehegatte den anderen Kindern im Sinne des Satzes 1 sowie den übrigen Verwandten des Unterhaltspflichtigen vor.

§ 1610

(1) Das Maß des zu gewährenden Unterhalts bestimmt sich nach der Lebensstellung des Bedürftigen (angemessener Unterhalt).

(2) Der Unterhalt umfaßt den gesamten Lebensbedarf einschließlich der Kosten einer angemessenen Vorbildung zu einem Beruf, bei einer der Erziehung bedürftigen Person auch die Kosten der Erziehung.

§ 1610 a

Werden für Aufwendungen infolge eines Körper- oder Gesundheitsschadens Sozialleistungen in Anspruch genommen, wird bei der Feststellung eines Unterhaltsanspruchs vermutet, daß die Kosten der Aufwendungen nicht geringer sind als die Höhe dieser Sozialleistungen.

§ 1611

(1) Ist der Unterhaltsberechtigte durch sein sittliches Verschulden bedürftig geworden, hat er seine eigene Unterhaltspflicht gegenüber dem Unterhaltspflichtigen gröblich vernachlässigt oder sich vorsätzlich einer schweren Verfehlung gegen den Unterhaltspflichtigen oder einen nahen Angehörigen des Unterhaltspflichtigen schuldig gemacht, so braucht der Verpflichtete nur einen Beitrag zum Unterhalt in der Höhe zu leisten, die der Billigkeit entspricht. Die Verpflichtung fällt ganz weg, wenn die Inanspruchnahme des Verpflichteten grob unbillig wäre.

(2) Die Vorschriften des Absatzes 1 sind auf die Unterhaltspflicht von Eltern gegenüber ihren minderjährigen unverheirateten Kindern nicht anzuwenden.

(3) Der Bedürftige kann wegen einer nach diesen Vorschriften eintretenden Beschränkung seines Anspruchs nicht andere Unterhaltspflichtige in Anspruch nehmen.

§ 1612

(1) Der Unterhalt ist durch Entrichtung einer Geldrente zu gewähren. Der Verpflichtete kann verlangen, daß ihm die Gewährung des Unterhalts in anderer Art gestattet wird, wenn besondere Gründe es rechtfertigen.

(2) Haben Eltern einem unverheirateten Kinde Unterhalt zu gewähren, so können sie bestimmen, in welcher Art und für welche Zeit im voraus der Unterhalt gewährt werden soll, wobei auf die Belange des Kindes die gebotene Rücksicht zu nehmen ist. Aus besonderen Gründen kann das Familiengericht auf Antrag des Kindes die Bestimmung der Eltern ändern. Ist das Kind minderjährig, so kann ein Elternteil, dem die Sorge für die Person des Kindes nicht zusteht, eine Bestimmung nur für die Zeit treffen, in der das Kind in seinen Haushalt aufgenommen ist.

(3) Eine Geldrente ist monatlich im voraus zu zahlen. Der Verpflichtete schuldet den vollen Monatsbetrag auch dann, wenn der Berechtigte im Laufe des Monats stirbt.

§ 1612 a

(1) Ein minderjähriges Kind kann von einem Elternteil, mit dem es nicht in einem Haushalt lebt, den Unterhalt als Vomhundertsatz eines oder des jeweiligen Regelbetrages nach der Regelbetrag-Verordnung verlangen.

(2) Der Vomhundertsatz ist auf eine Dezimalstelle zu begrenzen; jede weitere sich ergebende Dezimalstelle wird nicht berücksichtigt. Der sich bei der Berechnung des Unterhalts ergebende Betrag ist auf volle Deutsche Mark aufzurunden.

(3) Die Regelbeträge werden in der Regelbetrag-Verordnung nach dem Alter des Kindes für die Zeit bis zur Vollendung des sechsten Lebensjahres (erste Altersstufe), die Zeit vom siebten bis zur Vollendung des zwölften Lebensjahres (zweite Altersstufe) und für die Zeit vom dreizehnten Lebensjahr an (dritte Altersstufe) festgesetzt. Der Regelbetrag einer höheren Altersstufe ist ab dem Beginn des Monats maßgebend, in dem das Kind das betreffende Lebensjahr vollendet.

(4) Die Regelbeträge verändern sich erstmals zum 1. Juli 1999 und danach zum 1. Juli jeden zweiten Jahres. Die neuen Regelbeträge ergeben sich durch Vervielfältigung der zuletzt geltenden Regelbeträge nach der Regelbetrag-Verordnung mit den Vomhundertsätzen, um welche die Renten der gesetzlichen Rentenversicherung nach § 68 des Sechsten Buches Sozialgesetzbuch im laufenden und im vergangenen Kalenderjahr ohne Berücksichtigung der Veränderung der Belastung bei Renten und der Veränderung der durchschnittlichen Lebenserwartung der 65jährigen anzupassen gewesen wären; das Ergebnis ist auf volle Deutsche Mark aufzurunden. Das Bundesministerium der Justiz hat die Regelbetrag-Verordnung durch Rechtsverordnung, die nicht der Zustimmung des Bundesrates bedarf, rechtzeitig anzupassen.

§ 1612 b

(1) Das auf das Kind entfallende Kindergeld ist zur Hälfte anzurechnen, wenn an den barunterhaltspflichtigen Elternteil Kindergeld nicht ausgezahlt wird, weil ein anderer vorrangig berechtigt ist.

(2) Sind beide Elternteile zum Barunterhalt verpflichtet, so erhöht sich der Unterhaltsanspruch gegen den das Kindergeld beziehenden Elternteil um die Hälfte des auf das Kind entfallenden Kindergeldes.

(3) Hat nur der barunterhaltspflichtige Elternteil Anspruch auf Kindergeld, wird es aber nicht an ihn ausgezahlt, ist es in voller Höhe anzurechnen.

(4) Ist das Kindergeld wegen Berücksichtigung eines nicht gemeinschaftlichen Kindes erhöht, ist es im Umfang der Erhöhung nicht anzurechnen.

(5) Eine Anrechnung des Kindergeldes unterbleibt, soweit der Unterhaltspflichtige außerstande ist, Unterhalt in Höhe des Regelbetrages nach der Regelbetrag-Verordnung zu leisten.

§ 1612 c

§ 1612 b gilt entsprechend für regelmäßig wiederkehrende kindbezogene Leistungen, soweit sie den Anspruch auf Kindergeld ausschließen.

§ 1613

(1) Für die Vergangenheit kann der Berechtigte Erfüllung oder Schadensersatz wegen Nichterfüllung nur von dem Zeitpunkt an fordern, zu welchem der Verpflichtete zum Zwecke der Geltendmachung des Unterhaltsanspruchs aufgefordert worden ist, über seine Einkünfte und sein Vermögen Auskunft zu erteilen, zu welchem der Verpflichtete in Verzug gekommen oder der Unterhaltsanspruch rechtshängig geworden ist. Der Unterhalt wird ab dem Ersten des Monats, in den die bezeichneten Ereignisse fallen, geschuldet, wenn der Unterhaltsanspruch dem Grunde nach zu diesem Zeitpunkt bestanden hat.

(2) Der Berechtigte kann für die Vergangenheit ohne die Einschränkung des Absatzes 1 Erfüllung verlangen

1. wegen eines unregelmäßigen außergewöhnlich hohen Bedarfs (Sonderbedarf); nach Ablauf eines Jahres seit seiner Entstehung kann dieser Anspruch nur geltend gemacht werden, wenn vorher der Verpflichtete in Verzug gekommen oder der Anspruch rechtshängig geworden ist;
2. für den Zeitraum, in dem er
   a) aus rechtlichen Gründen oder
   b) aus tatsächlichen Gründen, die in den Verantwortungsbereich des Unterhaltspflichtigen fallen,
   an der Geltendmachung des Unterhaltsanspruchs gehindert war.

(3) In den Fällen des Absatzes 2 Nr. 2 kann Erfüllung nicht, nur in Teilbeträgen oder erst zu einem späteren Zeitpunkt verlangt werden, soweit die volle oder die sofortige Erfüllung für den Verpflichteten eine unbillige Härte bedeuten würde. Dies gilt auch, soweit ein Dritter vom Verpflichteten Ersatz verlangt, weil er an Stelle des Verpflichteten Unterhalt gewährt hat.

§ 1614

(1) Für die Zukunft kann auf den Unterhalt nicht verzichtet werden.

(2) Durch eine Vorausleistung wird der Verpflichtete bei erneuter Bedürftigkeit des Berechtigten nur für den im § 760 Abs. 2 bestimmten Zeitabschnitt oder, wenn er selbst den Zeitabschnitt zu bestimmen hatte, für einen den Umständen nach angemessenen Zeitabschnitt befreit.

§ 1615

(1) Der Unterhaltsanspruch erlischt mit dem Tod des Berechtigten oder des Verpflichteten, soweit er nicht auf Erfüllung oder Schadensersatz wegen Nichterfüllung für die Vergangenheit oder auf solche im voraus zu bewirkende Leistungen gerichtet ist, die zur Zeit des Todes des Berechtigten oder des Verpflichteten fällig sind.

(2) Im Falle des Todes des Berechtigten hat der Verpflichtete die Kosten der Beerdigung zu tragen, soweit ihre Bezahlung nicht von dem Erben zu erlangen ist.

II. Besondere Vorschriften für das Kind und seine nicht miteinander verheirateten Eltern

§ 1615 a

Besteht für ein Kind keine Vaterschaft nach § 1592 Nr. 1, § 1593 und haben die Eltern das Kind auch nicht während ihrer Ehe gezeugt oder nach seiner Geburt die Ehe miteinander geschlossen, gelten die allgemeinen Vorschriften, soweit sich nicht anderes aus den folgenden Vorschriften ergibt.

§ 1615 b bis 1615 k

(aufgehoben)

§ 1615 l

(1) Der Vater hat der Mutter für die Dauer von sechs Wochen vor und acht Wochen nach der Geburt des Kindes Unterhalt zu gewähren. Dies gilt auch hinsichtlich der Kosten, die infolge der Schwangerschaft oder der Entbindung außerhalb dieses Zeitraums entstehen.

(2) Soweit die Mutter einer Erwerbstätigkeit nicht nachgeht, weil sie infolge der Schwangerschaft oder einer durch die Schwangerschaft oder die Entbindung verursachten Krankheit dazu außerstande ist, ist der Vater verpflichtet, ihr über die in Absatz 1 Satz 1 bezeichnete Zeit hinaus Unterhalt zu gewähren. Das gleiche gilt, soweit von der Mutter wegen der Pflege oder Erziehung des Kindes eine Erwerbstätigkeit nicht erwartet werden kann. Die Unterhaltspflicht beginnt frühestens vier Monate vor der Geburt; sie endet drei Jahre nach der Geburt, sofern es nicht insbesondere unter Berücksichtigung der Belange des Kindes grob unbillig wäre, einen Unterhaltsanspruch nach Ablauf dieser Frist zu versagen.

(3) Die Vorschriften über die Unterhaltspflicht zwischen Verwandten sind entsprechend anzuwenden. Die Verpflichtung des Vaters geht der Verpflichtung der Verwandten der Mutter vor. Die Ehefrau und minderjährige unverheiratete Kinder des Vaters gehen bei Anwendung des § 1609 der Mutter vor; die Mutter geht den übrigen Verwandten des Vaters vor. § 1613 Abs. 2 gilt entsprechend. Der Anspruch erlischt nicht mit dem Tode des Vaters.

(4) Der Anspruch verjährt in vier Jahren. Die Verjährung beginnt, soweit sie nicht gehemmt oder unterbrochen ist, mit dem Schluß des auf die Entbindung folgenden Jahres.

(5) Wenn der Vater das Kind betreut, steht ihm der Anspruch nach Absatz 2 Satz 2 gegen die Mutter zu. In diesem Fall gelten die Absätze 3 und 4 entsprechend.

§ 1615 m

Stirbt die Mutter infolge der Schwangerschaft oder der Entbindung, so hat der Vater die Kosten der Beerdigung zu tragen, soweit ihre Bezahlung nicht von den Erben zu erlangen ist.

§ 1615 n

Die Ansprüche nach den §§ 1615l, 1615m bestehen auch dann, wenn der Vater vor der Geburt des Kindes gestorben oder wenn das Kind tot geboren ist. Bei einer Fehlgeburt gelten die Vorschriften der §§ 1615l, 1615m sinngemäß.

§ 1615 o

(1) Auf Antrag des Kindes kann durch einstweilige Verfügung angeordnet werden, daß der Mann, der die Vaterschaft anerkannt hat oder der nach § 1600 d Abs. 2 als Vater vermutet wird, den für die ersten drei Monate dem Kinde zu gewährenden Unterhalt zu zahlen hat. Der Antrag kann bereits vor der Geburt des Kindes durch die Mutter oder einen für die Leibesfrucht bestellten Pfleger gestellt werden; in diesem Falle kann angeordnet werden, daß der erforderliche Betrag angemessene Zeit vor der Geburt zu hinterlegen ist.

(2) Auf Antrag der Mutter kann durch einstweilige Verfügung angeordnet werden, daß der Mann, der die Vaterschaft anerkannt hat oder der nach § 1600 d Abs. 2 als Vater vermutet wird, die nach § 1615 l Abs. 1 voraussichtlich zu leistenden Beträge an die Mutter zu zahlen hat; auch kann die Hinterlegung eines angemessenen Betrages angeordnet werden.

(3) Eine Gefährdung des Anspruchs braucht nicht glaubhaft gemacht zu werden.

B. Regelbetrag-Verordnung

§ 1

Festsetzung der Regelbeträge

Die Regelbeträge für den Unterhalt eines minderjährigen Kindes gegenüber dem Elternteil, mit dem es nicht in einem Haushalt lebt, betragen monatlich ab dem 1. Juli 1998 in der

a) ersten Altersstufe 349 Deutsche Mark,
b) zweiten Altersstufe 424 Deutsche Mark,
c) dritten Altersstufe 502 Deutsche Mark.

§ 2

Festsetzung der Regelbeträge für das in Artikel 3 des Einigungsvertrages genannte Gebiet

Die Regelbeträge für den Unterhalt eines minderjährigen Kindes gegenüber dem Elternteil, mit dem es nicht in einem Haushalt lebt, betragen in dem in Artikel 3 des Einigungsvertrages genannten Gebiet monatlich ab dem 1. Juli 1998 in der

a) ersten Altersstufe 314 Deutsche Mark,
b) zweiten Altersstufe 380 Deutsche Mark,
c) dritten Altersstufe 451 Deutsche Mark.

C. Zivilprozeßordnung
(Auszug)

Sechster Abschnitt
Verfahren über den Unterhalt

Erster Titel
Allgemeine Vorschriften

§ 642

(1) Für Verfahren, die die gesetzliche Unterhaltspflicht eines Elternteils oder beider Elternteile gegenüber einem minderjährigen Kind betreffen, ist das Gericht ausschließlich zuständig, bei dem das Kind oder der Elternteil, der es gesetzlich vertritt, seinen allgemeinen Gerichtsstand hat. Dies gilt nicht, wenn das Kind oder ein Elternteil seinen allgemeinen Gerichtsstand im Ausland hat.

(2) § 621 Abs. 2, 3 ist anzuwenden. Für das vereinfachte Verfahren über den Unterhalt (§§ 645 bis 660) gilt dies nur im Falle einer Überleitung in das streitige Verfahren.

(3) Die Klage eines Elternteils gegen den anderen Elternteil wegen eines Anspruchs, der die durch Ehe begründete gesetzliche Unterhaltspflicht betrifft, oder wegen eines Anspruchs nach § 1615 l des Bürgerlichen Gesetzbuchs kann auch bei dem Gericht erhoben werden, bei dem ein Verfahren über den Unterhalt des Kindes im ersten Rechtszug anhängig ist.

§ 643

(1) Das Gericht kann den Parteien in Unterhaltsstreitigkeiten des § 621 Abs. 1 Nr. 4, 5 und 11 aufgeben, unter Vorlage entsprechender Belege Auskunft zu erteilen über ihre Einkünfte und, soweit es für die Bemessung des Unterhalts von Bedeutung ist, über ihr Vermögen und ihre persönlichen und wirtschaftlichen Verhältnisse

(2) Kommt eine Partei der Aufforderung des Gerichts nach Absatz 1 nicht oder nicht vollständig nach, so kann das Gericht, soweit es zur Aufklärung erforderlich ist, Auskunft einholen

1. über die Höhe der Einkünfte bei
    a) Arbeitgebern,
    b) Sozialleistungsträgern sowie der Künstlersozialkasse,
    c) sonstigen Personen oder Stellen, die Leistungen zur Versorgung im Alter und bei verminderter Erwerbsfähigkeit sowie Leistungen zur Entschädigung oder zum Nachteilsausgleich zahlen, und
    d) Versicherungsunternehmen,

2. über den zuständigen Rentenversicherungsträger und die Versicherungsnummer bei der Datenstelle der Rentenversicherungsträger,
3. in Rechtsstreitigkeiten, die den Unterhaltsanspruch eines minderjährigen Kindes betreffen, über die Höhe der Einkünfte und das Vermögen bei Finanzämtern.

Das Gericht hat die Partei hierauf spätestens bei der Aufforderung hinzuweisen.

(3) Die in Absatz 2 bezeichneten Personen und Stellen sind verpflichtet, den gerichtlichen Ersuchen Folge zu leisten. § 390 gilt in den Fällen des § 643 Abs. 2 Nr. 1 und 2 entsprechend.

(4) Die allgemeinen Vorschriften des Ersten und Zweiten Buches bleiben unberührt.

§ 644

Ist eine Klage nach § 621 Abs. 1 Nr. 4, 5 oder 11 anhängig oder ist ein Antrag auf Bewilligung von Prozeßkostenhilfe für eine solche Klage eingereicht, kann das Gericht den Unterhalt auf Antrag durch einstweilige Anordnung regeln. Die §§ 620 a bis 620 g gelten entsprechend.

Zweiter Titel
Vereinfachte Verfahren über den Unterhalt Minderjähriger

§ 645

(1) Auf Antrag wird der Unterhalt eines minderjährigen Kindes, das mit dem in Anspruch genommenen Elternteil nicht in einem Haushalt lebt, im vereinfachten Verfahren festgesetzt, soweit der Unterhalt vor Anrechnung der nach §§ 1612 b, 1612 c des Bürgerlichen Gesetzbuchs zu berücksichtigenden Leistungen das Eineinhalbfache des Regelbetrages nach der Regelbetrag-Verordnung nicht übersteigt.

(2) Das vereinfachte Verfahren findet nicht statt, soweit über den Unterhaltsanspruch des Kindes ein Gericht entschieden hat, ein gerichtliches Verfahren anhängig ist oder ein zur Zwangsvollstreckung geeigneter Schuldtitel errichtet worden ist.

§ 646

(1) Der Antrag muß enthalten:
1. die Bezeichnung der Parteien, ihrer gesetzlichen Vertreter und der Prozeßbevollmächtigten;
2. die Bezeichnung des Gerichts, bei dem der Antrag gestellt wird;
3. die Angabe des Geburtsdatums des Kindes;

4. die Angabe, ab welchem Zeitpunkt Unterhalt verlangt wird;
5. für den Fall, daß Unterhalt für die Vergangenheit verlangt wird, die Angabe, wann die Voraussetzungen des § 1613 Abs. 1 oder 2 Nr. 2 des Bürgerlichen Gesetzbuchs eingetreten sind;
6. die Angabe der Höhe des verlangten Unterhalts;
7. die Angaben über Kindergeld und andere anzurechnende Leistungen (§§ 1612 b, 1612 c des Bürgerlichen Gesetzbuchs);
8. die Erklärung, daß zwischen dem Kind und dem Antragsgegner ein Eltern-Kind-Verhältnis nach den §§ 1591 bis 1593 des Bürgerlichen Gesetzbuchs besteht;
9. die Erklärung, daß das Kind nicht mit dem Antragsgegner in einem Haushalt lebt;
10. die Erklärung, daß Unterhalt nicht für Zeiträume verlangt wird, für die das Kind Hilfe nach dem Bundessozialhilfegesetz, Leistungen nach dem Unterhaltsvorschußgesetz oder Unterhalt nach § 1607 Abs. 2 und 3 des Bürgerlichen Gesetzbuchs erhalten hat, oder, soweit Unterhalt aus übergegangenem Recht oder nach § 91 Abs. 3 Satz 2 des Bundessozialhilfegesetzes verlangt wird, die Erklärung, daß der beantragte Unterhalt die Leistung an das Kind nicht übersteigt;
11. die Erklärung, daß die Festsetzung im vereinfachten Verfahren nicht nach § 645 Abs. 2 ausgeschlossen ist.

(2) Entspricht der Antrag nicht diesen und den in § 645 bezeichneten Voraussetzungen, ist er zurückzuweisen. Vor der Zurückweisung ist der Antragsteller zu hören. Die Zurückweisung ist nicht anfechtbar.

(3) Sind vereinfachte Verfahren anderer Kinder des Antraggegners bei dem Gericht anhängig, so ordnet es die Verbindung zum Zweck gleichzeitiger Entscheidung an.

§ 647

(1) Erscheint nach dem Vorbringen des Antragstellers das vereinfachte Verfahren zulässig, so verfügt das Gericht die Zustellung des Antrags oder einer Mitteilung über seinen Inhalt an den Antragsgegner. Zugleich weist es ihn darauf hin,

1. von wann an und in welcher Höhe der Unterhalt festgesetzt werden kann; hierbei sind zu bezeichnen

   a) die Zeiträume nach dem Alter des Kindes, für die die Festsetzung des Unterhalts nach den Regelbeträgen der ersten, zweiten und dritten Altersstufe in Betracht kommt;

   b) im Fall des § 1612 a des Bürgerlichen Gesetzbuchs auch der Vomhundertsatz des jeweiligen Regelbetrags;

   c) die nach den §§ 1612 b, 1612 c des Bürgerlichen Gesetzbuchs anzurechnenden Leistungen mit dem anzurechnenden Betrag;

2. daß über den Unterhalt ein Festsetzungsbeschluß ergehen kann, aus dem der Antragsteller die Zwangsvollstreckung betreiben kann, wenn er nicht innerhalb eines Monats Einwendungen in der vorgeschriebenen Form erhebt;

3. welche Einwendungen nach § 648 Abs. 1 und 2 erhoben werden können, insbesondere, daß der Einwand eingeschränkter oder fehlender Leistungsfähigkeit nur erhoben werden kann, wenn die Auskunft nach § 648 Abs. 2 Satz 3 in Form eines vollständig ausgefüllten Vordrucks erteilt wird und Belege über die Einkünfte beigefügt werden;

4. daß die Einwendungen, wenn Vordrucke eingeführt sind, mit einem Vordruck der beigefügten Art erhoben werden müssen, der auch bei jedem Amtsgericht erhältlich ist.

Ist der Antrag im Ausland zuzustellen, so bestimmt das Gericht die Frist nach Satz 2 Nr. 2; § 175 gilt entsprechend mit der Maßgabe, daß der Zustellungsbevollmächtigte innerhalb dieser Frist zu benennen ist.

(2) § 270 Abs. 3 gilt entsprechend.

§ 648

(1) Der Antragsgegner kann Einwendungen geltend machen gegen

1. die Zulässigkeit des vereinfachten Verfahrens,
2. den Zeitpunkt, von dem an Unterhalt gezahlt werden soll,
3. die Höhe des Unterhalts, soweit er geltend macht, daß

   a) die nach dem Alter des Kindes zu bestimmenden Zeiträume, für die der Unterhalt nach den Regelbeträgen der ersten, zweiten und dritten Altersstufe festgesetzt werden soll, nicht richtig berechnet sind oder die angegebenen Regelbeträge von denen der Regelbetrag-Verordnung abweichen;

   b) der Unterhalt nicht höher als beantragt festgesetzt werden darf;

   c) Leistungen der in den §§ 1612 b, 1612 c des Bürgerlichen Gesetzbuchs bezeichneten Art nicht oder nicht richtig angerechnet sind.

Ferner kann er, wenn er sich sofort zur Erfüllung des Unterhaltsanspruchs verpflichtet, hinsichtlich der Verfahrenskosten geltend machen, daß er keinen Anlaß zur Stellung des Antrags gegeben hat (§ 93). Nicht begründete Einwendungen nach Satz 1 Nr. 2 und 3 weist das Gericht mit dem Festsetzungsbeschluß zurück, desgleichen eine Einwendung nach Satz 1 Nr. 2, wenn ihm diese nicht begründet erscheint.

(2) Andere Einwendungen kann der Antragsgegner nur erheben, wenn er zugleich erklärt, inwieweit er zur Unterhaltsleistung bereit ist und daß er sich insoweit zur Erfüllung des Unterhaltsanspruchs verpflichtet. Den Einwand der Erfüllung kann der Antragsgegner nur erheben, wenn er zugleich erklärt, inwieweit er geleistet hat und daß er sich verpflichtet, einen darüber hinausgehenden Unterhaltsrückstand zu begleichen. Den Einwand eingeschränkter oder fehlender Leistungsfähigkeit kann der Antragsgegner nur erheben, wenn er zugleich unter Verwendung des eingeführten Vordrucks Auskunft über

1. seine Einkünfte,
2. sein Vermögen und
3. seine persönlichen und wirtschaftlichen Verhältnisse im übrigen

erteilt und über seine Einkünfte Belege vorlegt.

(3) Die Einwendungen sind zu berücksichtigen, solange der Festsetzungsbeschluß nicht verfügt ist.

§ 649

(1) Werden keine oder lediglich nach § 648 Abs. 1 Satz 3 zurückzuweisende oder nach § 648 Abs. 2 unzulässige Einwendungen erhoben, wird der Unterhalt nach Ablauf der in § 647 Abs. 1 Satz 2 Nr. 2 bezeichneten Frist durch Beschluß festgesetzt. In dem Beschluß ist auszusprechen, daß der Antragsgegner den festgesetzten Unterhalt an den Unterhaltsberechtigten zu zahlen hat. In dem Beschluß sind auch die bis dahin entstandenen erstattungsfähigen Kosten des Verfahrens festzusetzen, soweit sie ohne weiteres ermittelt werden können; es genügt, wenn der Antragsteller die zu ihrer Berechnung notwendigen Angaben dem Gericht mitteilt.

(2) Die Entscheidung kann ohne mündliche Verhandlung ergehen.

(3) In dem Beschluß ist darauf hinzuweisen, welche Einwendungen mit der sofortigen Beschwerde geltend gemacht werden können und unter welchen Voraussetzungen eine Abänderung im Wege der Klage nach § 654 verlangt werden kann.

§ 650

Sind Einwendungen erhoben, die nach § 648 Abs. 1 Satz 3 nicht zurückzuweisen oder die nach § 648 Abs. 2 zulässig sind, teilt das Gericht dem Antragsteller dies mit. Es setzt auf seinen Antrag den Unterhalt durch Beschluß fest, soweit sich der Antragsgegner nach § 648 Abs. 2 Satz 1 und 2 zur Zahlung von Unterhalt verpflichtet hat. In der Mitteilung nach Satz 1 ist darauf hinzuweisen.

§ 651

(1) Auf Antrag einer Partei wird das streitige Verfahren durchgeführt. Darauf ist in der Mitteilung nach § 650 hinzuweisen.

(2) Beantragt eine Partei die Durchführung des streitigen Verfahrens, so ist wie nach Eingang einer Klage weiter zu verfahren. Einwendungen nach § 648 gelten als Klageerwiderung.

(3) Der Rechtsstreit gilt als mit der Zustellung des Festsetzungsantrags (§ 647 Abs. 1 Satz 1) rechtshängig geworden, wenn der Antrag auf Durchführung des streitigen Verfahrens vor Ablauf von sechs Monaten nach Zugang der Mitteilung nach § 650 gestellt wird.

(4) Ist ein Festsetzungsbeschluß nach § 650 Satz 2 vorausgegangen, soll für zukünftige wiederkehrende Leistungen der Unterhalt in einem Gesamtbetrag bestimmt und der Festsetzungsbeschluß insoweit aufgehoben werden.

(5) Die Kosten des vereinfachten Verfahrens werden als Teil der Kosten des streitigen Verfahrens behandelt.

§ 652

(1) Gegen den Festsetzungsbeschluß findet die sofortige Beschwerde statt.

(2) Mit der sofortigen Beschwerde können nur die in § 648 Abs. 1 bezeichneten Einwendungen, die Zulässigkeit von Einwendungen nach § 648 Abs. 2 sowie die Unrichtigkeit der Kostenfestsetzung geltend gemacht werden.

§ 653

(1) Wird auf Klage des Kindes die Vaterschaft festgestellt, so hat das Gericht auf Antrag den Beklagten zugleich zu verurteilen, dem Kind Unterhalt in Höhe der Regelbeträge und gemäß den Altersstufen der Regelbetrag-Verordnung, vermindert oder erhöht um die nach den §§ 1612 b, 1612 c des Bürgerlichen Gesetzbuchs anzurechnenden Leistungen zu zahlen. Das Kind kann einen geringeren Unterhalt verlangen. Im übrigen kann in diesem Verfahren eine Herabsetzung oder Erhöhung des Regelunterhalts nicht verlangt werden.

(2) Vor Rechtskraft des Urteils, das die Vaterschaft feststellt, wird die Verurteilung zur Leistung des Unterhalts nicht wirksam.

§ 654

(1) Ist die Unterhaltsfestsetzung nach § 649 Abs. 1 oder § 653 Abs. 1 rechtskräftig, können die Parteien im Wege einer Klage auf Abänderung der Entscheidung verlangen, daß auf höheren Unterhalt oder auf Herabsetzung des Unterhalts erkannt wird.

(2) Wird eine Klage auf Herabsetzung des Unterhalts nicht innerhalb eines Monats nach Rechtskraft der Unterhaltsfestsetzung erhoben, darf die Abänderung nur für die Zeit nach Erhebung der Klage erfolgen. Ist innerhalb dieser Frist ein Verfahren nach Absatz 1 anhängig geworden, so läuft die Frist für den Gegner nicht vor Beendigung dieses Verfahrens ab.

(3) Sind Klagen beider Parteien anhängig, so ordnet das Gericht die Verbindung zum Zweck gleichzeitiger Verhandlung und Entscheidung an.

§ 655

(1) Auf wiederkehrende Unterhaltsleistungen gerichtete Vollstreckungstitel, in denen ein Betrag der nach den §§ 1612 b, 1612 c des Bürgerlichen Gesetzbuchs anzurechnenden Leistungen festgelegt ist, können auf Antrag im vereinfachten Verfahren durch Beschluß abgeändert werden, wenn sich ein für die Berechnung dieses Betrags maßgebender Umstand ändert.

(2) Dem Antrag ist eine Ausfertigung des abzuändernden Titels, bei Urteilen des in vollständiger Form abgefaßten Urteils, beizufügen. Ist ein Urteil in abgekürzter Form abgefaßt, so genügt es, wenn außer der Ausfertigung eine von dem Urkundsbeamten

der Geschäftsstelle des Prozeßgerichts beglaubigte Abschrift der Klageschrift beigefügt wird. Der Vorlage des abzuändernden Titels bedarf es nicht, wenn dieser von dem angerufenen Gericht auf maschinellem Weg erstellt worden ist; das Gericht kann dem Antragsteller die Vorlage des Titels aufgeben.

(3) Der Antragsgegner kann nur Einwendungen gegen die Zulässigkeit des vereinfachten Verfahrens, gegen den Zeitpunkt der Abänderung oder gegen die Berechnung des Betrags der nach den §§ 1612 b, 1612 c des Bürgerlichen Gesetzbuchs anzurechnenden Leistungen geltend machen. Ferner kann er, wenn er sich sofort zur Erfüllung des Anspruchs verpflichtet, hinsichtlich der Verfahrenskosten geltend machen, daß er keinen Anlaß zur Stellung des Antrags gegeben hat (§ 93).

(4) Ist eine Abänderungsklage anhängig, so kann das Gericht das Verfahren bis zur Erledigung der Abänderungsklage aussetzen.

(5) Gegen den Beschluß findet die sofortige Beschwerde statt. Mit der sofortigen Beschwerde können nur die in Absatz 3 bezeichneten Einwendungen sowie die Unrichtigkeit der Kostenfestsetzung geltend gemacht werden.

(6) Im übrigen sind auf das Verfahren § 323 Abs. 2, § 646 Abs. 1 Nr. 1 bis 5, 7, Abs. 2 und 3, die §§ 647 und 648 Abs. 3 und § 649 entsprechend anzuwenden.

§ 656

(1) Führt die Abänderung des Schuldtitels nach § 655 zu einem Unterhaltsbetrag, der wesentlich von dem Betrag abweicht, der der Entwicklung der besonderen Verhältnisse der Parteien Rechnung trägt, so kann jede Partei im Wege der Klage eine entsprechende Abänderung des ergangenen Beschlusses verlangen.

(2) Die Klage ist nur zulässig, wenn sie innerhalb eines Monats nach Zustellung des Beschlusses erhoben wird. § 654 Abs. 2 Satz 2 und Abs. 3 gilt entsprechend.

(3) Die Kosten des vereinfachten Verfahrens werden als Teil der Kosten des Rechtsstreits über die Abänderungsklage behandelt.

§ 657

In vereinfachten Verfahren können die Anträge und Erklärungen vor dem Urkundsbeamten der Geschäftsstelle abgegeben werden. Soweit Vordrucke eingeführt sind, werden diese ausgefüllt; der Urkundsbeamte vermerkt unter Angabe des Gerichts und des Datums, daß er den Antrag oder die Erklärung aufgenommen hat.

§ 658

(1) In vereinfachten Verfahren ist eine maschinelle Bearbeitung zulässig. § 690 Abs. 3 gilt entsprechend.

(2) Bei maschineller Bearbeitung werden Beschlüsse, Verfügungen und Ausfertigungen mit dem Gerichtssiegel versehen; einer Unterschrift bedarf es nicht.

§ 659

(1) Das Bundesministerium der Justiz wird ermächtigt, zur Vereinfachung und Vereinheitlichung der Verfahren durch Rechtsverordnung mit Zustimmung des Bundesrates Vordrucke für die vereinfachten Verfahren einzuführen. Für Gerichte, die die Verfahren maschinell bearbeiten, und für Gerichte, die die Verfahren nicht maschinell bearbeiten, können unterschiedliche Vordrucke eingeführt werden.

(2) Soweit nach Absatz 1 Vordrucke für Anträge und Erklärungen der Parteien eingeführt sind, müssen sich die Parteien ihrer bedienen.

§ 660

(1) Die Landesregierungen werden ermächtigt, die vereinfachten Verfahren über den Unterhalt Minderjähriger durch Rechtsverordnung einem Amtsgericht für die Bezirke mehrerer Amtsgerichte zuzuweisen, wenn dies ihrer schnelleren und rationelleren Erledigung dient. Die Landesregierungen können die Ermächtigung durch Rechtsverordnung auf die Landesjustizverwaltungen übertragen.

(2) Bei dem Amtsgericht, das zuständig wäre, wenn die Landesregierung oder die Landesjustizverwaltung das Verfahren nach Absatz 1 nicht einem anderen Amtsgericht zugewiesen hätte, kann das Kind Anträge und Erklärungen mit der gleichen Wirkung einreichen oder anbringen wie bei dem anderen Amtsgericht.

D. Gesetz zur Sicherung des Unterhalts von Kindern alleinstehender Mütter und Väter durch Unterhaltsvorschüsse und -ausfalleistungen
(Unterhaltsvorschußgesetz)

§ 1
Berechtigte

(1) Anspruch auf Unterhaltsvorschuß oder -ausfalleistung nach diesem Gesetz (Unterhaltsleistung) hat, wer

1. das zwölfte Lebensjahr noch nicht vollendet hat,
2. im Geltungsbereich dieses Gesetzes bei einem seiner Elternteile lebt, der ledig, verwitwet oder geschieden ist oder von seinem Ehegatten dauernd getrennt lebt, und
3. nicht oder nicht regelmäßig
   a) Unterhalt von dem anderen Elternteil oder,
   b) wenn dieser oder ein Stiefelternteil gestorben ist, Waisenbezüge mindestens in der in § 2 Abs. 1 und 2 bezeichneten Höhe erhält.

(2) Als dauernd getrennt lebend im Sinne des Absatzes 1 Nr. 2 gilt ein verheirateter Elternteil, bei dem das Kind lebt, auch dann, wenn sein Ehegatte wegen Krankheit oder Behinderung oder auf Grund gerichtlicher Anordnung für voraussichtlich wenigstens sechs Monate in einer Anstalt untergebracht ist.

(2 a) Ein Ausländer hat einen Anspruch nach diesem Gesetz nur, wenn er oder der in Absatz 1 Nr. 2 bezeichnete Elternteil im Besitz einer Aufenthaltsberechtigung oder Aufenthaltserlaubnis ist. Der Anspruch auf Unterhaltsvorschußleistung beginnt mit dem Ausstellungsdatum der Aufenthaltsberechtigung oder der Aufenthaltserlaubnis. Abweichend von Satz 1 besteht der Anspruch für Angehörige eines Mitgliedstaates der Europäischen Union oder eines anderen Vertragsstaates des Abkommens über den Europäischen Wirtschaftsraum mit Beginn des Aufenthaltsrechts. Auch bei Besitz einer Aufenthaltserlaubnis hat ein Ausländer keinen Anspruch auf Unterhaltsleistung nach diesem Gesetz, wenn der in Absatz 1 Nr. 2 bezeichnete Elternteil als Arbeitnehmer von seinem im Ausland ansässigen Arbeitgeber zur vorübergehenden Dienstleistung in den Geltungsbereich des Gesetzes entsandt ist.

(3) Anspruch auf Unterhaltsleistung nach diesem Gesetz besteht nicht, wenn der in Absatz 1 Nr. 2 bezeichnete Elternteil mit dem anderen Elternteil zusammenlebt oder sich weigert, die Auskünfte, die zur Durchführung dieses Gesetzes erforderlich sind, zu erteilen oder bei der Feststellung der Vaterschaft oder des Aufenthalts des anderen Elternteils mitzuwirken.

(4) Anspruch auf Unterhaltsleistung nach diesem Gesetz besteht nicht für Monate, für die der andere Elternteil seine Unterhaltspflicht gegenüber dem Berechtigten durch Vorausleistung erfüllt hat.

§ 2

Umfang der Unterhaltsleistung

(1) Die Unterhaltsleistung wird vorbehaltlich der Absätze 2 und 3 monatlich in Höhe der für Kinder der ersten und zweiten Altersgruppe jeweils geltenden Regelbeträge (§§ 1 oder 2 der Regelbetrag-Verordnung) gezahlt. Liegen die Voraussetzungen des § 1 Abs. 1 Nr. 1 bis 3, Abs. 2 bis 4 nur für den Teil eines Monats vor, wird die Unterhaltsleistung anteilig gezahlt.

(2) Wenn der Elternteil, bei dem der Berechtigte lebt, für den Berechtigten Anspruch auf volles Kindergeld nach dem Einkommensteuergesetz oder nach dem Bundeskindergeldgesetz in der jeweils geltenden Fassung oder auf eine der in § 65 Abs. 1 des Einkommensteuergesetzes oder § 4 Abs. 1 des Bundeskindergeldgesetzes bezeichneten Leistungen hat, mindert sich die Unterhaltsleistung um die Hälfte des für ein erstes Kind zu zahlenden Kindergeldes nach § 66 des Einkommensteuergesetzes oder § 6 des Bundeskindergeldgesetzes. Dasselbe gilt, wenn ein Dritter mit Ausnahme des anderen Elternteils diesen Anspruch hat.

(3) Auf die sich nach den Absätzen 1 und 2 ergebende Unterhaltsleistung werden folgende in demselben Monat erzielte Einkünfte des Berechtigten angerechnet:

1. Unterhaltszahlungen des Elternteils, bei dem der Berechtigte nicht lebt,
2. Waisenbezüge einschließlich entsprechender Schadensersatzleistungen, die wegen des Todes des in Nummer 1 bezeichneten Elternteils oder eines Stiefelternteils gezahlt werden.

§ 3

Dauer der Unterhaltsleistung

Die Unterhaltsleistung wird längstens für insgesamt 72 Monate gezahlt.

§ 4

Beschränkte Rückwirkung

Die Unterhaltsleistung wird rückwirkend längstens für den letzten Monat vor dem Monat gezahlt, in dem der Antrag hierauf bei der zuständigen Stelle oder bei einer der in § 16 Abs.2 Satz 1 des Ersten Buches Sozialgesetzbuch bezeichneten Stellen eingegangen ist; dies gilt nicht, soweit es an zumutbaren Bemühungen des Berechtigten gefehlt hat, den in § 1 Abs. 1 Nr. 3 bezeichneten Elternteil zu Unterhaltszahlungen zu veranlassen.

§ 5

Ersatz- und Rückzahlungspflicht

(1) Haben die Voraussetzungen für die Zahlung der Unterhaltsleistung in dem Kalendermonat, für den sie gezahlt worden ist, nicht vorgelegen, so hat der Elternteil, bei dem der Berechtigte lebt, oder der gesetzliche Vertreter des Berechtigten den geleisteten Betrag insoweit zu ersetzen, als er

1. die Zahlung der Unterhaltsleistung dadurch herbeigeführt hat, daß er vorsätzlich oder fahrlässig falsche oder unvollständige Angaben gemacht oder eine Anzeige nach §6 unterlassen hat, oder
2. gewußt oder infolge Fahrlässigkeit nicht gewußt hat, daß die Voraussetzungen für die Zahlung der Unterhaltsleistung nicht erfüllt waren.

(2) Haben die Voraussetzungen für die Zahlung der Unterhaltsleistung in dem Kalendermonat, für den sie gezahlt worden ist, nicht vorgelegen, weil der Berechtigte nach Stellung des Antrages auf Unterhaltsleistung Einkommen im Sinne des § 2 Abs. 3 erzielt hat, das bei der Bewilligung der Unterhaltsleistung nicht berücksichtigt worden ist, so hat der Berechtigte insoweit den geleisteten Betrag zurückzuzahlen.

§ 6

Auskunfts- und Anzeigepflicht

(1) Der Elternteil, bei dem der Berechtigte nicht lebt, ist verpflichtet, der zuständigen Stelle auf Verlangen die Auskünfte zu erteilen, die zur Durchführung dieses Gesetzes erforderlich sind.

(2) Der Arbeitgeber des in Absatz1 bezeichneten Elternteils ist verpflichtet, der zuständigen Stelle auf Verlangen über die Art und Dauer der Beschäftigung, die Arbeitsstätte und den Arbeitsverdienst des in Absatz 1 bezeichneten Elternteils Auskunft zu geben, soweit die Durchführung dieses Gesetzes es erfordert. Versicherungsunternehmen sind auf Verlangen der zuständigen Stellen zu Auskünften über den Wohnort und über die Höhe von Einkünften des in Absatz 1 bezeichneten Elternteils verpflichtet, soweit die Durchführung dieses Gesetzes es erfordert.

(3) Die nach den Absätzen 1 und 2 zur Erteilung einer Auskunft Verpflichteten können die Auskunft auf solche Fragen verweigern, deren Beantwortung sie selbst oder einen der in § 383 Abs. 1 Nr. 1 bis 3 der Zivilprozeßordnung bezeichneten Angehörigen der Gefahr strafgerichtlicher Verfolgung oder eines Verfahrens nach dem Gesetz über Ordnungswidrigkeiten aussetzen würde.

(4) Der Elternteil, bei dem der Berechtigte lebt, und der gesetzliche Vertreter des Berechtigten sind verpflichtet, der zuständigen Stelle die Änderungen in den Verhältnissen, die für die Leistung erheblich sind oder über die im Zusammenhang mit der Leistung Erklärungen abgegeben worden sind, unverzüglich mitzuteilen.

(5) Die nach § 69 des Zehnten Buches Sozialgesetzbuch zur Auskunft befugten Sozialleistungsträger und anderen Stellen sind verpflichtet, der zuständigen Stelle auf Ver-

langen Auskünfte über den Wohnort und die Höhe der Einkünfte des in Absatz 1 bezeichneten Elternteils zu erteilen, soweit die Durchführung dieses Gesetzes es erfordert.

§ 7
Übergang von Ansprüchen des Berechtigten

(1) Hat der Berechtigte für die Zeit, für die ihm die Unterhaltsleistung nach diesem Gesetz gezahlt wird, einen Unterhaltsanspruch gegen den Elternteil, bei dem er nicht lebt, oder einen Anspruch auf eine sonstige Leistung, die bei rechtzeitiger Gewährung nach § 2 Abs.3 als Einkommen anzurechnen wäre, so geht dieser Anspruch in Höhe der Unterhaltsleistung nach diesem Gesetz zusammen mit dem unterhaltsrechtlichen Auskunftsanspruch auf das Land über. Satz 1 gilt nicht, soweit ein Erstattungsanspruch nach den §§ 102 bis 105 des Zehnten Buches Sozialgesetzbuch besteht.

(2) Für die Vergangenheit kann der in Absatz 1 bezeichnete Elternteil nur von dem Zeitpunkt an in Anspruch genommen werden, in dem außer unter den bürgerlichen Rechts nur in Anspruch genommen werden, wenn ihm die Bewilligung der Unterhaltsleistung unverzüglich schriftlich mitgeteilt worden ist.

1. die Voraussetzungen des § 1613 des Bürgerlichen Gesetzbuchs vorgelegen haben oder
2. der in Absatz 1 bezeichnete Elternteil von dem Antrag auf Unterhaltsleistung Kenntnis erhalten hat und er darüber belehrt worden ist, daß er für den geleisteten Unterhalt nach diesem Gesetz in Anspruch genommen werden kann.

(3) Ansprüche nach Absatz 1 sind rechtzeitig und vollständig nach den Bestimmungen des Haushaltsrechts durchzusetzen. Der Übergang eines Unterhaltsanspruchs kann nicht zum Nachteil des Unterhaltsberechtigten geltend gemacht werden, soweit dieser für eine spätere Zeit, für die er keine Unterhaltsleistung nach diesem Gesetz erhalten hat oder erhält, Unterhalt von dem Unterhaltspflichtigen verlangt.

(4) Wenn die Unterhaltsleistung voraussichtlich auf längere Zeit gewährt werden muß, kann das Land bis zur Höhe der bisherigen monatlichen Aufwendungen auch auf künftige Leistungen klagen. Das Land kann den auf ihn übergegangenen Unterhaltsanspruch im Einvernehmen mit dem Unterhaltsleistungsempfänger auf diesen zur gerichtlichen Geltendmachung rückübertragen und sich den geltend gemachten Unterhaltsanspruch abtreten lassen. Kosten, mit denen der Unterhaltsleistungsempfänger dadurch selbst belastet wird, sind zu übernehmen.

§ 8
Auftragsverwaltung, Aufbringung der Mittel

(1) Dieses Gesetz wird im Auftrag des Bundes von den Ländern ausgeführt.

(2) Die Geldleistungen, die nach dem Gesetz zu zahlen sind, werden zu 50 vom Hundert vom Bund, im übrigen von den Ländern getragen.

(3) Die nach § 7 eingezogenen Beträge führen die Länder zu 50 vom Hundert an den Bund ab.

§ 9

Verfahren und Zahlungsweise

(1) Über die Zahlung der Unterhaltsleistung wird auf schriftlichen Antrag des Elternteils, bei dem der Berechtigte lebt, oder des gesetzlichen Vertreters des Berechtigten entschieden. Der Antrag soll an die durch Landesrecht bestimmte Stelle, in deren Bezirk der Berechtigte seinen Wohnsitz hat (zuständige Stelle), gerichtet werden.

(2) Die Entscheidung ist dem Antragsteller schriftlich mitzuteilen. In dem Bescheid sind die nach § 2 Abs. 2 und 3 angerechneten Beträge anzugeben.

(3) Die Unterhaltsleistung ist monatlich im voraus zu zahlen. Auszuzahlende Beträge sind auf volle Deutsche Mark aufzurunden. Beträge unter 5 Deutsche Mark werden nicht geleistet.

§ 10

Bußgeldvorschriften

(1) Ordnungswidrig handelt, wer vorsätzlich oder fahrlässig
1. entgegen § 6 Abs. 1 oder 2 auf Verlangen eine Auskunft nicht, nicht richtig, nicht vollständig oder nicht innerhalb der von der zuständigen Stelle gesetzten Frist erteilt oder
2. entgegen § 6 Abs. 4 eine Änderung in den dort bezeichneten Verhältnissen nicht richtig, nicht vollständig oder nicht unverzüglich mitteilt.

(2) Die Ordnungswidrigkeit kann mit einer Geldbuße geahndet werden.

(3) Verwaltungsbehörde im Sinne des § 36 Abs. 1 Nr. 1 des Gesetzes über Ordnungswidrigkeiten ist die durch Landesrecht bestimmte Stelle.

§ 11

(aufgehoben)

§ 12

(gegenstandslos)

§ 12a

(gegenstandslos)

§ 13

(gegenstandslos)

E. Übergangsvorschriften

Artikel 5 KindUG

§ 1

In dem in Artikel 3 des Einigungsvertrages genannten Gebiet gilt § 1612 a Abs. 4 des Bürgerlichen Gesetzbuchs bis zu dem Zeitpunkt, in dem die neuen Regelbeträge die für das Gebiet der Bundesrepublik Deutschland nach dem Stand bis zum 3. Oktober 1990 festgestellten Regelbeträge übersteigen würden, mit der Maßgabe, daß von den Vomhundertsätzen nach § 255 a Abs. 2 des Sechsten Buches Sozialgesetzbuch ausgegangen wird. Ab diesem Zeitpunkt gelten die Regelbeträge nach § 1 der Regelbetrag-Verordnung auch in dem in Artikel 3 des Einigungsvertrages genannten Gebiet.

§ 2

(1) Für anhängige Verfahren, die die gesetzliche Unterhaltspflicht eines Elternteils oder beider Elternteile gegenüber einem minderjährigen Kind betreffen, gilt folgendes:
1. Das vor dem 1. Juli geltende Verfahrensrecht bleibt maßgebend, soweit die Nummern 2 und 3 nichts Abweichendes bestimmen.
2. Eine vor dem 1. Juli 1998 geschlossene mündliche Verhandlung ist auf Antrag wieder zu eröffnen.
3. In einem Vereinfachten Verfahren zur Abänderung von Unterhaltstiteln und in einem Verfahren zur Festsetzung oder Neufestsetzung von Regelunterhalt (§§ 641 l bis 641 t, 642 a, 642 b der Zivilprozeßordnung in der vor dem 1. Juli geltenden Fassung) kann ein Antrag nach § 3 gestellt werden, über den gleichzeitig oder im Anschluß an die Entscheidung über den das Verfahren einleitenden Antrag entschieden wird.

(2) Verfahren im Sinne des Absatzes 1 stehen die folgenden nach dem 1. Juli 1998 anhängig werdenden Verfahren gleich:
1. Abänderungsklagen nach den §§ 641 q, 643 a der Zivilprozeßordnung in der vor dem 1. Juli 1998 geltenden Fassung, die nach diesem Zeitpunkt, aber vor Ablauf der nach diesen Vorschriften maßgebenden Fristen anhängig werden;
2. Vereinfachte Verfahren zur Abänderung von Unterhaltstiteln und Verfahren zur Festsetzung oder Neufestsetzung von Regelunterhalt (§§ 641 l bis 641 t, 642 a, 642 b der Zivilprozeßordnung in der vor dem 1. Juli 1998 geltenden Fassung), in denen eine Anpassung, Festsetzung oder Neufestsetzung aufgrund einer Rechtsverordnung nach den §§ 1612 a, 1615 f des Bürgerlichen Gesetzbuchs oder Artikel 234 §§ 8, 9 des Einführungsgesetzes zum Bürgerlichen Gesetzbuche in der vor dem 1. Juli 1998 geltenden Fassung begehrt wird.

§ 3

(1) Urteile, Beschlüsse und andere Schuldtitel im Sinne des § 794 der Zivilprozeßordnung, in denen Unterhaltsleistungen für ein minderjähriges Kind nach dem vor

dem 1. Juli 1998 geltenden Recht zuerkannt, festgesetzt oder übernommen sind, können auf Antrag für die Zeit nach der Antragstellung in einem vereinfachten Verfahren durch Beschluß dahin abgeändert werden, daß die Unterhaltsrente in Vomhundertsätzen der nach den §§ 1 und 2 der Regelbetrag-Verordnung in der Fassung des Artikels 2 dieses Gesetzes am 1. Juli 1998 geltenden Regelbeträge der einzelnen Altersstufen festgesetzt wird. § 1612 a des Bürgerlichen Gesetzbuchs gilt entsprechend. Für die Festsetzung ist die bisherige Unterhaltsrente um angerechnete Leistungen im Sinne der §§ 1612 b, 1612 c des Bürgerlichen Gesetzbuchs in der Fassung des Artikels 1 Nr. 10 dieses Gesetzes zu erhöhen. Der Betrag der anzurechnenden Leistungen ist in dem Beschluß festzulegen. Seine Hinzurechnung und Festlegung unterbleiben, wenn sich aus dem abzuändernden Titel nicht ergibt, in welcher Höhe die Leistungen bei der Bemessung des Unterhalts angerechnet worden sind.

(2) Auf das Verfahren sind die §§ 642 und 645 Abs. 1, die §§ 646 bis 648 Abs. 1 und 3, die §§ 649, 652, 654, 657 bis 660, 794 Abs. 1 Nr. 2 a und die §§ 798 und 798 a der Zivilprozeßordnung in der Fassung des Artikels 3 dieses Gesetzes entsprechend anzuwenden mit der Maßgabe, daß

1. in dem Antrag zu erklären ist, ob ein Verfahren der in § 2 dieses Artikels bezeichneten Art anhängig ist;

2. das Gericht, wenn ein solches Verfahren gleichzeitig anhängig ist, bis zu dessen Erledigung das Verfahren über den Antrag nach Absatz 1 aussetzen kann.

§ 4

(1) Für das gerichtliche Verfahren nach § 3 wird eine Gebühr von 20 Deutsche Mark, für das Verfahren über die sofortige Beschwerde eine Gebühr von 50 Deutsche Mark erhoben.

(2) Der Rechtsanwalt erhält fünf Zehntel der vollen Gebühr.

Stichwortverzeichnis
(Die Zahlen verweisen auf die Randziffern.)

A
Abänderung von Titeln 267 ff.
- nach § 323 ZPO 268 f.
- nach § 654 ZPO 270
- nach § 655 ZPO 271

Abänderungsklage 95, 165 ff., 268 ff.
allgemeine Schulausbildung 17 ff., 21
Altersstufen 74 f., 99
Anpassung des Unterhaltsanspruchs (s. Dynamisierung)
Anrechnung kindbezogener Leistungen 118 ff., 172 ff.
Anrechnung von Kindergeld (s. Kindergeld)
Ausgleichsanspruch, zivilrechtlicher 125, 129
Auskunftsanspruch
- der Unterhaltsvorschußkassen 308 ff.
- Übergang des 310

Auskunftspflicht 198 ff.
- Arbeitgeber 204
- Befugnis des Gerichts 200 ff.
- Finanzamt 209
- Folgen mangelnder Auskunftsbereitschaft 213 ff.
- Künstlersozialkasse 205
- Rentenversicherungsträger 208
- Sozialleistungsträger 205
- Versicherungsunternehmen 207
- zur Auskunft verpflichtete Stellen 202 ff.

Auskunftsverlangen 34 ff.

B
Barunterhalt 16
Barunterhaltspflicht beider Elternteile 132, 142 ff.
Bedarf 58 ff.
Bedarfskontrollbetrag 63, 117
Beitrittsgebiet
- Dynamisierung der Regelbeträge 318 ff.
- Höhe der Regelbeträge 75

Beruf, Vorbildung zu einem 58
Beschluß (s. auch Tenorierung) 255 f.
Bestimmungsrecht der Eltern 31 ff.
Betreuungsunterhalt, § 1615 l BGB 177 ff.
Beweisvereitelung 214
Bundesgebührenordnung für Rechtsanwälte 290 ff.
Bundeskindergeldgesetz 125

D
Doppelleistungen 173
Düsseldorfer Tabelle 60, 102
Dynamisierung
- der Regelbeträge 79 f.

- der Regelbeträge im Beitrittsgebiet 318 ff.
- der Unterhaltsvorschußleistungen 305
- des Unterhaltsanspruchs 65 ff., 86 ff.
- und Mangelfall 164 ff.
- und Tabellenunterhalt 112 ff.

E
Einstandspflicht, gesteigerte der Eltern 17
Einstweilige Anordnung 273 f.
Einstweilige Verfügung 183, 275 f.
Einstweiliger Rechtsschutz 272 ff.
Einwand fehlender Leistungsfähigkeit 250
Entbindung, Kosten der 178
Erlaß 44 ff.
Erziehung
- Kosten 58
- Unterhaltsleistung durch Pflege und 16, 144
Existenzminimum 60, 125, 160 ff.
Existenzminimumsbericht der Bundesregierung 55

F
Familiengericht 188
Finanzamt 209

G
Gerichtliches Auskunftsverfahren (s. auch Auskunftspflicht) 198 ff.
Gerichtskostengesetz 278 ff.
Gerichtsstand 188 ff.

H
Halbteilungsgrundsatz (s. Kindergeld)

Hinderung an der Geltendmachung des Unterhaltsanspruchs
- aus rechtlichen Gründen 39 ff., 40 f.
- aus tatsächlichen Gründen 39 ff., 42

I
Internationale Zuständigkeit 191 f.

J
Jugendamt 107

K
Kinderfreibetrag 125, 134, 137
Kindergeld 61, 70
- Abtretung 148
- als Steuererstattung 125 ff., 134
- Anrechnung von 121 ff.
- Anspruchsberechtigung 126, 146
- Auszahlung 127
- Barunterhaltspflicht beider Elternteile 142 ff.
- Betrag 124
- Bundeskindergeldgesetz 125
- Halbteilungsgrundsatz 130 ff.
- Haushaltsaufnahme 143
- Mangelfall 141, 154 ff.
- Pfändung und Überweisung 150
- volle Anrechnung 148
- Zählkindvorteil 151 ff.
- zivilrechtlicher Ausgleichsanspruch 125, 129, 137, 158
Kindergeldberechtigung eines Elternteils 146 ff.
Kinder- und Jugendhilfe 306
Kinderzulagen, gesetzliche Unfallversicherung 173

Stichwortverzeichnis

Kinderzuschüsse, gesetzliche Rentenversicherung 173
Klage auf künftige Leistungen 313
Konzentrationsermächtigung 298 f.
Kosten 278 ff.
- Gerichtskosten 278 ff.
- Kostenordnung 288 ff.
- Rechtsanwaltskosten 290 ff.
Kosten der Entbindung 178
Kostenordnung 288 ff.
Kostentragungspflicht, § 93 d ZPO 215

L
Lebensbedarf (s. Bedarf)
Lebensstellung des Verpflichteten 64
Leistungen für Kinder 173
Leistungsfähigkeit 18, 62, 101, 154 ff.

M
Mangelfall 78, 154 ff.
Mindestbedarf 53, 59, 61

N
Nettolohnentwicklung 79 f., 110

O
Obhutsprinzip 127, 132

P
Pfändungs- und Überweisungsbeschluß (s. auch Kindergeld) 111
Pflege, Unterhaltsleistung durch Erziehung und 16, 144
Prozeßkostenhilfe 316

Prozessuale Auskunftspflicht 198 ff.

R
Rang 17 ff.
Rechtsanwaltskosten 290 ff.
Rechtshängigkeit 34
Rechtspfleger 253
Rechtsvergleichung 2
Regelbedarfssätze 53
Regelbeträge 57, 66, 68, 72 ff., 159
- alte oder neue Länder 92
- Dynamisierung 79 ff.
- Höhe 74 f.
Regelbetrag-Verordnung 57, 68, 159
Regelunterhalt 7, 51, 56
Regelunterhalt-Verordnung 57
Rentenreformgesetz 1999 81
Rückübertragung übergegangener Unterhaltsansprüche 228, 314 ff.

S
Schulausbildung, allgemeine 17 ff., 21
Schüler 17 ff.
Selbstbehalt 18, 63 f., 117, 169
Sofortige Beschwerde 263
Sonderbedarf 38
Sozialhilfebedarf 60
Streitiges Verfahren 257 ff.
Stundung 44 ff.

T
Tabellenunterhalt 63 f.
Teilzahlung 44 ff.
Tenorierung 105, 107, 111, 255 f., 271
Titel (s. Tenorierung)

Treuhänderische Rückübertragung 228, 314 ff.

U
Übergang in das streitige Verfahren 258
Übergang des Unterhaltsanspruchs
- auf Dritte 24 ff.
- auf Unterhaltsvorschußkasse 301
Übergangsvorschriften 317 ff.
- Abänderung bestehender Schuldtitel 330 ff.
- Anhängige Verfahren 320 ff.
- Dynamisierung der Regelbeträge im Beitrittsgebiet 318 ff.
- Kosten 334
Unterhalt für die Vergangenheit 34 ff.
Unterhaltsanspruch
- der mit dem Vater nicht verheirateten Mutter 176 ff.
- Dynamisierung 65 ff., 86 ff.
- Minderjähriger Kinder bei Getrenntleben der Eltern 50 ff.
- Rang 17 ff.
- statischer 66, 94 f.
- Übergang 24 ff., 301
Unterhaltsfestsetzung im vereinfachten Verfahren 253 ff.
Unterhaltsleistung
- durch Pflege und Erziehung 16
- durch Zahlung (s. Barunterhalt)
Unterhaltstabellen 66, 88, 112 ff.
Unterhaltsvorschuß 78, 300 ff.
Urteil (s. Tenorierung)

V
Vaterschaftsfeststellung 264 ff.
- vereinfachtes Verfahren 217 ff.
- Antrag 223 ff.
- Aufnahme der Einwendungen 252
- Beteiligung des Antraggegners 231 ff.
- Einwand fehlender Leistungsfähigkeit 250
- Einwendungen gegen die Begründetheit 246 ff.
- Einwendungen gegen die Zulässigkeit 239 ff.
- Maßgeblicher Zeitpunkt 251
- streitiges Verfahren 257 ff.
- Unterhaltsfestsetzung 253 ff.
- Vaterschaftsfeststellung 264 ff.
- Zulässigkeit 218 ff.
Verfügung, einstweilige 183, 275 f.
Vergangenheit, Unterhalt für die 34 ff.
Verzug 34
Volljährigkeit des Kindes 108, 143
Vollstreckbare Urkunde (s. Tenorierung)
Vollstreckung über das achtzehnte Lebensjahr 277
Vollstreckungsorgane 111
Vomhundertsatz der Regelbeträge 90 ff.
- des jeweiligen Regelbetrages 94 ff., 98
- eines Regelbetrages 94 ff., 97
Vorbereitung der Verhandlung 216
Vordrucke 296 f.
Vorrang (s. Rang)

Z
Zählkindvorteil (s. Kindergeld)

Zuständigkeit 188 ff.
- Familiengericht 188
- Örtliche Zuständigkeit 188 ff.
- Rechtspfleger 253